Siegfried Hetz

Erlebnis Salzburger Land
FLACHGAU

Siegfried Hetz

ERLEBNIS
SALZBURGER LAND

Band 1

FLACHGAU

VERLAG ANTON PUSTET

Impressum

Bibliografische Information der Deutschen Nationalbibliothek
Die Deutsche Nationalbibliothek verzeichnet diese Publikation
in der Deutschen Nationalbibliografie; detaillierte bibliografische
Daten sind im Internet über http://dnb.ddb.de abrufbar.

© 2010 Verlag Anton Pustet
A-5020 Salzburg, Bergstraße 12
Sämtliche Rechte vorbehalten.

Lektorat: Martina Schneider
Grafik & Layout: Tanja Kühnel
Karten: Arge-Kartografie
Druck: Druckerei Theiss, St. Stefan im Lavanttal
Gedruckt in Österreich

ISBN 978-3-7025-0629-2

Alle Routenbeschreibungen wurden von Autor und Verlag nach
gründlicher Recherche und derzeitigem Wissensstand erstellt.
Eine Haftung für die Richtigkeit der Angaben wird nicht übernommen.
Die Verwendung dieses Wanderführers erfolgt ausschließlich
auf eigenes Risiko und auf eigene Gefahr.

www.pustet.at

Bildnachweis

Salzburger Seenland Tourismus GmbH: Umschlag, 112, 114; Untersbergbahn: 9, 44; Leo Fellinger: 12, 13, 128, 129, 148; Tourismus Salzburg: 16,17; Waldbad Anif: 25; Tanja Kühnel: 32, 34, 35, 36, 37; Baumann-Schicht: 54; Oliver Stöhr: 56, 57, 64, 65; Bernd Salz: 97, 98, 99; Matthäus Maislinger: 104; Irmgard Kloimstein: 134; Werner Redl: 136; Gut Aiderbichl:150, 151, 152, 153; Wolfgangsee Tourismus: 154, 155 (Franz Linartner), 163 (Maria Steinberger), 165 (Leo Himsl), 166, 167, 172 (Wolfgang Trautner); Patrick Wahlmüller: 160, 161; Fuschlsee Tourismus GmbH: 170, 176, 178; Alle weiteren Fotos stammen aus dem Privatbesitz des Autors.

Inhaltsverzeichnis

I	**Vorwort**	9
II	**Worauf zu achten ist**	11
III	**Landschaft als Symphonie**	12
	Den Flachgau entdecken und erleben	
IV	**Drei Schlösser und eine Basilika**	19
	Der Gürtel zwischen Stadt und Land	

Im Promidorf Anif   22

1 **Tag 1:** Herbert von Karajan in Anif
2 **Tag 2:** Das Anifer Waldbad
3 **Trockene Klammen – Erentrudisalm
   Rückweg über die Glasenbachklamm**   26
   Naturspektakel am Stadtrand
4 **Auf dem historischen Wallfahrtsweg
   nach Maria Plain**   28
   14 Stationen und eine Erklärung
5 **Der Saalach entlang**   31
   Zwischen Barockschloss und Gemüsebauern

🔍 **Lust-Schloss Kleßheim**   34
   Mit „Luziwuzi" ins Casino

V	**Ein Koloss voller Mythen**	41
	Im Banne des Untersbergs	
6	**Über den Dopplersteig auf den Hochthron**	44
	Die Paraderoute auf den Hausberg	
7	**„Naturpark" Untersberg**	47
	Erholung am Fuße des Riesen	
8	**Salzburger Freilichtmuseum Großgmain**	49
	Jahrhunderte ländlichen Bauens	
9	**Untersbergmuseum**	52
	Der facettenreiche Berg und seine Umgebung	

🔍 Zur Gnadenmutter „auf der Gmain" 54
Kraftort Großgmain

VI Wasser und die Launen der Natur 59
Der Salzach entlang

10 Mit dem Rad nach St. Georgen 62
In den Salzach-Auen gilt: Naturschutz vor Sport

11 Vogelschutzparadies Waidmoos 64
Im Lebensraum von Rohrdommel & Co.

12 Von Oberndorf über Maria Bühel nach Arnsdorf 66
Zwischen „Stille Nacht" und Wallfahrt

13 Zum Luginger und Ragginger See 68
Idylle über Anthering

14 Den Hochgitzen umrunden 70
Bergheim einmal ganz anders erlebt

🔍 Stille Nacht, Heilige Nacht 74
Der weihnachtliche Welthit aus Oberndorf

VII Muscheln im Wald 79
Der Haunsberg von unten nach oben

Nussdorf am Haunsberg 82
15 Tag 1: St. Pankraz – Kroisbachgraben
16 Tag 2: Durch das Oichtental nach Michaelbeuern

17 Mit dem Rad auf den Kamm des Haunsbergs 87
Nach der Mühe kommt die Fernsicht

18 Haunsberg-Panoramaweg 89
Staunen und spielen für die ganze Familie

19 Kulturspaziergang durch Obertrum am See 92
Vom Einlegerhaus zur Einsiedelei

20 Von Nußdorf nach St. Alban 95
Über Wiesen und Äcker

🔍 Kloster auf dem Land 97
Benediktinerabtei Michaelbeuern

VIII Kultplatz seit Jahrtausenden 103
Das Salzburger Dreiseenland

Mattsee: In Geschichte und Naturpark eintauchen 106
21 Tag 1 Kulturspaziergang
22 Tag 2 Buchberg

23 Rund um den Grabensee 112
Ruhe im Moor

24 Vom Mattsee nach Zellhof und Gebertsham 115
Eine sportliche Runde mit zwei Kirchen

25 Wartstein-Rundwanderweg 117
Siedlungsraum der Sommerfrischler

26 Vom Dorfbrunnen zum Brechelbad 119
Im Zeichen des Wassers

27 Im Teufelsgraben bei Seeham 122
Ein Ort für Sagen und Mythen

28 Im Kräutergarten über Seeham 124
Bei Arnika, Quendel & Salbei

Burghard Breitner 126
Der Arzt im Offiziersrock

IX Wo die Natur zum Zug kommt 131
Rund um den Wallersee

Wallersee und Große Plaike 134
29 **Tag 1:** Wallerseerundweg und Neumarkt
30 **Tag 2:** Große Plaike

31 Der Literatur auf der Spur 139
Bei Zuckmayer, Freumbichler und Stelzhamer

32 Tannberg, Tiefsteinklamm und Schleedorf 141
Von der Aussicht in die Schlucht

33 Franz-Braumann-Literaturpfad 143
Köstendorf stellt seinen Dichter vor

34 Von Sighartstein nach Sommerholz 146
Der Flachgau in seiner Ursprünglichkeit

35	**Eine Runde durch das Wenger Moor**	148
	Auf Tuchfühlung mit Wunder Natur	

🔍 **Tierglück auf Gut Aiderbichl** 150
Michael Aufhauser und das Tier als Mitgeschöpf

X	**Mehr Wasser als Salz**	157
	Im Salzburger Salzkammergut	
	Am Wolfgangsee – zwischen Mozartdorf und Blinklingmoos	160
36	**Tag 1:** (vormittags) Pillstein-Rundwanderweg	
37	**Tag 1:** (nachmittags) Scheffelsteig im Brunnwinkl	
38	**Tag 2:** Blinklingmoos	
39	**Schafberg**	165
	Mode-Berg der Sommerfrischler	
40	**Auf Schober und Frauenkopf**	168
	Über den Dingen stehen	
41	**Rund um den Fuschlsee**	170
	Seesaibling, Sissi und glasklares Wasser	
42	**Mit dem Rad auf das Zwölferhorn**	172
	Ambitioniertes Strampeln mit Aussicht	
43	**Am Hintersee**	174
	Das sympathische Ende eines Tales	
44	**Metzgersteig**	176
	Eine Klamm und ihre Abgründe	
45	**Kolomansberg**	178
	Goldhauben im militärischen Sperrgebiet	

🔍 **Frauensache** 180
Mutter Mozart und Nannerl in St. Gilgen

XI	**Abschnitte der Weitwander-, Pilger- und Radwege im Flachgau**	182
XII	**Register und Abkürzungsverzeichnis**	188

Vorwort

Es ist die Vielfalt, die den Flachgau unter den fünf Salzburger Gauen herausragen lässt. Das hängt vor allem mit seiner Lage am Rand der Alpen zusammen. So umgibt er nicht nur die Stadt Salzburg, was ihm den zweiten, den verwaltungspolitisch pronocierten Namen Salzburg-Umgebung eingebrockt hat, nein, er ist auch ein Teil des Salzkammerguts. So wie er den Untersberg, wo er österreichisch ist, und die Auenlandschaft der Salzach für sich beanspruchen kann. Aber der Flachgau ist mehr als die Summe seiner Teile. Alles in allem ist er der Garten, in dessen Mitte die Stadt Salzburg liegt.

Franz Paul Enzinger, Lehrerbildner aus Neumarkt am Wallersee, hat seinem 1987 erstmals erschienenen Buch über den Flachgau den Untertitel „Salzburgs lieblicher Vorgarten" gegeben.

Da sich das landläufige Bild des Vorgartens auf Kleinstparzellen beschränkt, darf der Flachgau vor allem auch in Hinsicht auf seine enorme Entwicklung in den letzten Jahrzehnten zumindest den Anspruch auf den gesamten Garten erheben, der die Landeshauptstadt umgibt.

Am ursprünglichsten zeigt sich der Flachgau seinem Wesen nach in den nördlichen und östlichen Regionen des Bezirks, dort, wo Land und Leute noch überwiegend bäuerlich strukturiert und orientiert sind, wo stattliche Höfe, kleine Kapellen und die Seen als Landmarken dienen. Der Flachgau ist keine einheitlich erschlossene Touristenregion. Das ist es, was ihn für Gäste wie Einheimische gleichermaßen sympathisch macht und den Besucher Plätze entdecken lässt, die nicht durch das Spektakuläre punkten, sondern vielmehr durch Schönheit und Ruhe.

Die 45 beschriebenen Touren, Ausflüge und Wanderungen sind als bunter Leitfaden gedacht, um den Flachgau als Ganzes wie auch im Detail mit seinen versteckt-intimen Plätzen besser kennen zu lernen oder neu zu entdecken. Dafür wurde der Bezirk mit den meisten Nachbarn unter den Salzburger Gauen in sieben Regionen eingeteilt: der Gürtel um die Stadt Salzburg, der Untersberg, die Salzach, das Dreiseenland, die Gegend um den Wallersee, der Haunsberg und schließlich das Salzkammergut. Für jede dieser sieben Regionen finden sich Vorschläge zu Zweitagesausflügen, Ganztagstouren und Halbtagswanderungen. Einige Zweitagestouren sind so angelegt, dass sie teils mit dem Rad, teils zu Fuß zurückgelegt werden können. So bietet sich die Chance, eine Gegend auch innerhalb kurzer Zeit kennenzulernen.

Als Ergänzung gibt es am Ende des Wanderführers eine Beschreibung der durch den Flachgau führenden großen Wander-, Pilger- und Radwege.

Worauf zu achten ist

Wandern, und sei es nur ein nachmittäglicher Ausflug von ein, zwei Stunden, macht nur dann richtig Freude, wenn das Schuhwerk und die übrige Bekleidung den Anforderungen entsprechen. Leicht und luftig sollte die Kleidung sein, und der Regenschutz darf auch im kleinsten Rucksack nicht fehlen.

Wanderer und Ausflügler wissen, welche Kapriolen das Wetter schlagen kann. Das ist auch im Flachgau nicht anders. Ratschläge und Warnungen sind unbedingt zu befolgen, vor allem, wenn es in die Berge geht oder aufs Wasser hinaus. Sommergewitter stellen sich nämlich oft im wahrsten Sinne des Wortes blitzartig ein und das kann zu lebensgefährlichen Situationen führen. Neben dem Regenschutz ist ausreichend für Flüssigkeit zu sorgen und auch eine Jause sollte im Gepäck sein. Sie wirkt Wunder. Und für das Mobiltelefon gilt: Es sollte anders als im Theater eingeschaltet bleiben und stets in Griffweite sein!

Wer mit Kindern unterwegs ist, trägt doppelte Verantwortung, muss noch besser planen und darf nichts dem Zufall überlassen. Aber das wissen Eltern und erfahrene Erwachsene ohnedies aus dem Alltag mit Kindern.

Wie viele andere Regionen ist auch der Flachgau dort am ehesten verwundbar, wo es um den massiv angewachsenen Individualverkehr geht. Im Flachgau, insbesondere im Dreiseenland, wurden salzburgweit die ersten Naturschutzgebiete ausgewiesen. Uferregionen sind wie Moore und Auen fragile und prekäre Landschaften, die des besonderen Schutzes bedürfen. Deshalb der dringende Appell: Bleiben Sie auf den ausgewiesenen Wegen und befolgen Sie die entsprechenden Vorschriften, auch was den Schutz der Pflanzen und Tiere betrifft!

Landschaft als Symphonie

Den Flachgau entdecken und erleben

1500 Meter – so viel macht der Höhenunterschied zwischen dem Salzburger Hochthron und den Salzachauen bei St. Georgen aus. Der Hochthron ist die höchste Erhebung des Untersbergs auf österreichischem Boden, und nach St. Georgen verlässt die Salzach den Flachgau in Richtung Oberösterreich. Wer würde da von Flachland reden, gäbe es nicht die Prägung durch den Namen Flachgau, wie der Bezirk Salzburg-Umgebung auch heißt. Der Blick schweift weiter in Richtung Salzkammergut und zum Zwölferhorn mit stattlichen 1522 Metern oder ins Dreiseenland, wo der Buchberg in Mattsee zwar nur 801 Meter zu bieten hat, dafür aber bei guter Fernsicht den Münchner Fernsehturm nicht nur erahnen lässt. Flach ist am Flachgau demnach allenfalls der Name.

Was besonders am Flachgau auffällt, ist die Tatsache, dass er der wahrscheinlich Vielfältigste unter den fünf Salzburger Gauen ist, und das nicht nur, weil er die Mozartstadt fest im Griff hat. Erst das Hinterland macht eine „Metropole" stark, wie groß, berühmt und geliebt sie auch sein mag. So gesehen erfüllt der Flachgau auch dabei alle Anforderungen. Seine

Gegend zählte immer schon zu den einwohnerstärksten Regionen des Landes, nicht zuletzt auch deshalb, weil das Verhältnis zwischen Anbauflächen und gebirgigen Teilen sehr zugunsten der Ebene ausfällt. Von dieser Perspektive aus gesehen ist die Namenswahl dann doch goldrichtig.

Fahren wir von der Stadt hinaus aufs Land, beginnt der Flachgau dort, wo die Stadt Salzburg endet. Wie ein Ring umschließt er die Mozartstadt. An der kleinen Stelle, die den Ring durchbricht, liegt die Grenze zu Freilassing, zum Freistaat Bayern und damit zu Deutschland. Der Grund für diese Lücke liegt in der Neuordnung Europas, die nach den Napoleonischen Kriegen notwendig geworden war. Das Fürsterzbistum Salzburg wurde von dieser Neuaufteilung besonders getroffen. Im Reichsdeputationshauptschluss von 1803 wurde es wie andere geistliche Fürstentümer kurz und bündig liquidiert. Mit dem Verlust der Eigenstaatlichkeit begann ein politisches Tauziehen zwischen Österreich und Bayern, ehe das Land Salzburg durch den Vertrag von München 1816 endgültig zum Haus Österreich kam. Neben einigen Gebieten, die Tirol zugeschlagen wurden, traf der Verlust des Rupertiwinkels an Bayern besonders hart. Damit kam auch Salzburghofen, wie Freilassing bis

1923 hieß, zu Bayern. Seither bildet die Salzach auf einer Länge von knapp 60 Kilometern die Grenze zwischen Österreich und Bayern. Oberndorf, früher ein Vorort von Laufen, entwickelte sich zu einem eigenständigen Ort, der im Jahre 2000 zur Stadt erhoben wurde. Im Norden grenzt der Flachgau an das Innviertel beziehungsweise an den politischen Bezirk Braunau, im Osten mit den politischen Bezirken Vöcklabruck und Gmunden an das Salzkammergut, im Süden an den Tennengau und im Westen mit den Landkreisen Berchtesgadener Land und Traunstein an Bayern.

Die Geschichte des Flachgaus und damit auch seines Namens ist relativ jung. So gehen die heutigen Grenzen auf das Jahr 1896 zurück, als in Hallein eine eigene Bezirkshauptmannschaft errichtet wurde. Bis dahin bildete der Flachgau in seiner heutigen Form eine Einheit mit dem Tennengau und dem Lammertal, das der Pongau 1805 abtreten musste. Dieses Gebiet war bis 1328 neben dem Rupertiwinkel und dem Saalachtal samt Reichenhall bis zum Steinpass Teil des sogenannten „Salzburggaus" und gehörte damit zum Herzogtum Bayern. Zuerst nannte man den Flachgau wohl im Kontrast zu den Gebirgsgauen „flaches Land". Daraus wurde im Weiteren und in Analogie zu den mittelalterlichen Bezeichnungen für die Bezirke des Landesteils „Innergebirg", womit Pinzgau, Pongau und Lungau gemeint sind, der Flachgau. So richtig populär wurde der Name jedoch bis heute nicht. Vielleicht auch deshalb, weil ihm eine eigene Bezirkshauptstadt versagt geblieben ist.

Der politische Bezirk firmiert unter „Salzburg-Umgebung" und verweist ebenso wie das Autokennzeichen „SL", das für „Salzburg Land" steht, auf die Stadt Salzburg. Bis zur Stadterhebung von Oberndorf an der Salzach, Seekirchen am Wallersee und Neumarkt am Wallersee im Jahre 2000 und 2001 ragten aus den 37 Gemeinden des Flachgaus lediglich Eugendorf, Grödig, Mattsee, Obertrum, Straßwalchen und Thalgau als Marktgemeinden heraus.

Der landschaftliche Reiz des Flachgaus liegt insbesondere in seiner Vielfältigkeit. So stehen die Salzachauen mit ihren Biotopen in einem deutlichen Kontrast zur Umgebung der Stadt Salzburg, die vom Massiv des Untersbergs dominiert wird. Das mild geformte Seenland wiederum strahlt eine heitere Melancholie aus, der man sich, hat man sie einmal lieb gewonnen, nur mehr sehr schwer entziehen kann. Im Gegensatz dazu hat der quirlige Charme des Salzkammerguts fast etwas Vordergründiges, ohne es ausschließlich danach bewerten zu wollen. So ist der Flachgau vieles in einem: im Sommer ein großes Freibad für die Stadt-Salzburger und eine fast nie enden wollende Radrennstrecke, im Winter der erste Skihang für die Kleinen und ein Paradies für das meditative Ziehen von Loipenrunden. Schon die Fürsterzbischöfe wussten um Schönheit und Reiz des Flachgaus und ließen an den prominentesten Stellen Jagd- und Lustschlösser errichten. Ihnen vorausgegangen waren die Mönche – auch sie hatten ein untrügliches Gespür für das Zusammenspiel von Schönheit und Funktionalität einer Gegend. Und davor hatten schon die Römer ihre Sommerresidenzen im Seenland errichtet. Damit waren sie aber wiederum keineswegs die ersten Siedler. Der Zuzug hält nach wie vor an, wenn auch nicht mehr im Ausmaß der 1980er- und 1990er-Jahre. Trotzdem wird es nicht mehr lange dauern und die Einwohnerzahl des Flachgaus (1.4.2009: 141.092) wird die der Stadt Salzburg (derzeit 147.685) überflügelt haben. Kann so viel Neues verkraftet werden? Beim genauen Hinschauen und Hinhören werden Traditionen dort besonders hochgehalten, wo in pseudostädtischen Ballungsräumen Kleinkarikaturen von Einkaufszentren, wie wir sie aus den USA kennen, aufs Feld gesetzt wurden. Auch die offensichtliche Auflösung organisch gewachsener Ortsstrukturen durch die große Zahl nimmermüder Häuslbauer führt zu keiner Identitätskrise. Mag sein, dass das eine oder andere kulturhistorische Kleinod oder der unverwechselbare Reiz einer landschaftlichen Idylle nicht immer auf den ersten Blick zu erkennen und zu erfassen sind. Aber ist es nicht der zweite Blick, der die Wahrnehmungen verdichtet und unauslöschlich ins Herz brennt?

Drei Schlösser und eine Basilika

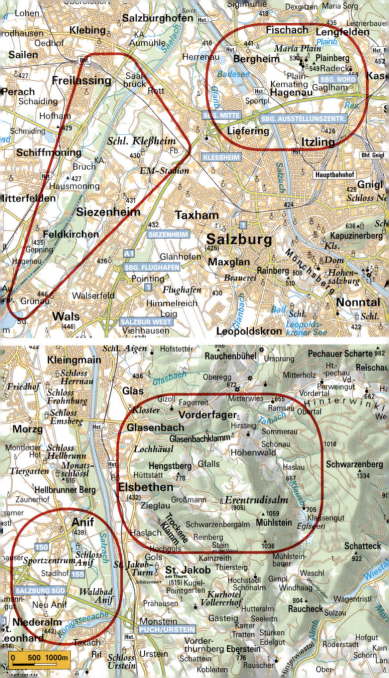

Drei Schlösser und eine Basilika

Der Gürtel zwischen Stadt und Land

Heute ist die Grenze zwischen der Stadt Salzburg und ihrem Umland kaum mehr auszumachen. Bis auf wenige Ausnahmen gibt es keine natürlichen Grenzverläufe mehr. Die Bevölkerung der Stadt Salzburg hat sich seit dem Zweiten Weltkrieg auf heute knapp 150.000 verdoppelt. Im Vergleich dazu: Nach der Auflösung des Kirchenstaats zählte die Stadt gut 16.000 Einwohner. Auf dem 1829 entstandenen Rundgemälde von Johann Michael Sattler ist der Kontrast zwischen der dicht bebauten Altstadt und der naturbelassenen Umgebung sehr augenfällig dargestellt. Von der Altstadt bis zum Schloss Anif brauchte man mit der Kutsche mehr als zwei Stunden. Heute deckt diese großen Grünflächen ein breiter, aber umso dichter bebauter „Speckgürtel" zu. Die Grenzen sind fließend, wie der Begriff Salzburg schillernd und umfassend ist. So weiß der Stadt-Salzburger wohl, dass Anif eine eigenständige Gemeinde ist, aber als Besucher des Anifer Waldbades hat er nicht das Gefühl, die Stadt zu verlassen. Ähnlich mag es dem Besucher von Schloss Kleßheim ergehen. Damit sind auch schon zwei der markantesten profanen Repräsentationsbauten im direkten Umland der Stadt Salzburg genannt. Sie könnten unterschiedlicher nicht sein. Das im Westen der Stadt zwischen Autobahn, Saalach und Fußballstadion liegende frühere „Gästehaus" der Landesregierung und heutiges Pilgerziel der Roulette-Glücksritter ist leicht zu übersehen. Was sehr schade ist, denn die von Fischer von Erlach entworfene und unter Fürsterzbischof Firmian fertiggestellte Anlage ist trotz verkleinerter Ausführung ein Juwel barocker Bau- und Gartenkunst. Große Teile des Gartens wurden leider dem bereits 1955 eröffneten Golfplatz geopfert.

Golf ist das Stichwort zum Standortwechsel nach Süden, dorthin, wo die Schönheit des Vorgartens der Stadt Salzburg gut dekoriert in der Auslage liegt. Hier wirkt der Reiz nicht im Verborgenen, sondern in der Präsentation. Das vom Weiher umgebene und an ein englisches Landhaus erinnernde Schloss Anif begrüßt den Besucher auf dem Weg in die Stadt. Die heutige Architektur im Tudor-Stil wurde dem Schloss erst im 19. Jahrhundert von Graf Arco-Stepperg, einem Urenkel Maria Theresias, verpasst. Fast welthistorisch berühmt wurde Schloss Anif 1918 durch den bayerischen König Ludwig III., der sich vor der Münchner Novemberrevolution dorthin flüchtete und in der Anifer Erklärung zwar nicht abdankte, aber Beamte, Soldaten und Offiziere von ihrem Eid entband, da er nicht mehr in der Lage war, die Regierungsgeschäfte weiter zu führen. Aktuell steht das Schloss wieder einmal im Rampenlicht, weil auch dort ein Golfplatz angelegt werden soll.

Kleßheim hatte Hitler als Hausherrn, Schloss Anif den letzten bayerischen König als Gast und Schloss Goldenstein hatte Sissi als Schülerin. Gemeint ist freilich Romy Schneider, die Darstellerin Sissis in den mittlerweile Kult gewordenen Filmen aus den 1950er-Jahren. Sie besuchte auf Schloss Goldenstein von 1949 bis 1953 die private Internats-Hauptschule, die auch heute noch von den Augustiner Chorfrauen geführt wird. Sie waren seinerzeit aus dem baden-württembergischen Rastatt nach Salzburg geflohen. Zuvor war das Schloss im Besitz des Erzstifts St. Peter, das es zu Beginn des 18. Jahrhunderts erworben und zu einem kulturellen Zentrum ausgebaut hatte.

Wie mächtig und einflussreich die Position des Erzstifts St. Peter war, lässt sich auch an einem anderen Repräsentationsbau nahe der Stadt Salzburg ermessen: Maria Plain. Als das Pilgeraufkommen zum Gnadenbild Maria Trost immer weiter zunahm, wurde den Benediktinerpatres von St. Peter die Wallfahrtsseelsorge übertragen. Der Ursprung der heutigen, auf dem Plainberg thronenden Wallfahrtskirche, die 1952 von Papst Pius XII. zur Basilika Minor erhoben wurde, liegt in den

Wirren und Zerstörungen des Dreißigjährigen Krieges. Der Legende nach soll das spätere Gnadenbild während eines Brandes im niederbayerischen Ort Regen unversehrt geblieben sein. Nachdem es über Umwege nach Salzburg gekommen war, ordnete bereits Erzbischof Guidobald Graf von Thun und Hohenstein 1652 den Bau einer Kapelle an. Es gibt aber auch viele andere Gründe, Maria Plain zu besuchen, einer ist sicherlich der grandiose Blick auf die Stadt Salzburg und den Untersberg.

Die Basilika befindet sich auf dem Gemeindegebiet von Bergheim, das im Südosten an Hallwang grenzt. Zu Hallwang gehört wiederum der Ortsteil Söllheim, vor allem Feinschmeckern durch das Haubenrestaurant Pfefferschiff gut bekannt. Auf dem Anwesen steht auch die 1686 erbaute Antoniuskapelle, die vor allem durch ihre ovale Form und die einheitliche Innenausstattung aus dem 17. Jahrhundert besticht. Die barocke Kuppel mit der fast fünf Meter hohen Laterne wurde von Giovanni Gaspare Zuccalli, dem erzbischöflichen Hofbaumeister errichtet. Zu seinen Bauten zählen auch die Kajetanerkirche und die St. Erhards Kirche in der Stadt Salzburg.

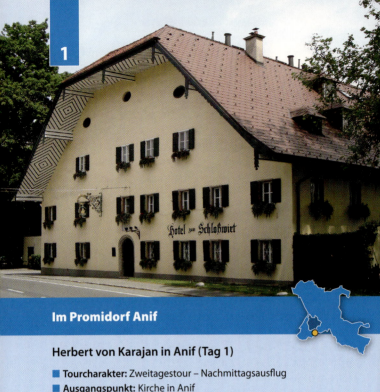

Im Promidorf Anif

Herbert von Karajan in Anif (Tag 1)

- **Tourcharakter:** Zweitagestour – Nachmittagsausflug
- **Ausgangspunkt:** Kirche in Anif
- **Endpunkt:** Schlosswirt in Anif
- **Weglänge:** 2 km
- **Gehdauer:** 1,5 h mit Besichtigungen
- **Besonderheit:** Reizvolle Landschaft im Süden Salzburgs

Die relativ junge Gemeinde hat Wurzeln, die bis in die Zeit der Bajuwaren zurückreichen. Eigenständig wurde Anif erst im ausgehenden 19. Jahrhundert, als es mit Neualm von Grödig getrennt wurde. Obwohl 1922 das gesamte Areal von Hellbrunn und weitere Gebiete an der Alpenstraße an die Stadt Salzburg abgegeben werden mussten, hat der Ort, dessen Wahrzeichen das dem Tudor-Stil nachgeahmte Wasserschloss ist, schnell Karriere gemacht. In erster Linie hat er das seiner

Lage zu verdanken, verfügt doch die Landschaft südlich der Stadt Salzburg über alle Vorzüge, die eine Gegend braucht, um als „gute" Adresse zu gelten: Harmonie in der Landschaft, keine Industrie und möglichst wenig Gewerbegebiete. Das hat prominente Bewohner angezogen, unter ihnen Herbert von Karajan und Jahre später Riccardo Muti, um nur zwei Persönlichkeiten aus der Musikwelt zu nennen. Auch die gastronomische Infrastruktur hat auf die Nachfrage entsprechend reagiert. Dabei ist das heutige Neu-Anif aus einem Barackenlager, in dem am Ende des Zweiten Weltkrieges Kriegsflüchtlinge Aufnahme gefunden haben, entstanden.

Der wohl prominenteste Einwohner von Anif, sieht man von Karl Habsburg und dem vorübergehenden Aufenthalt des letzten bayerischen Königs Ludwig III. ab, war Herbert von Karajan, der in seinem Anwesen mit der Adresse Herbert von Karajan-Straße 41 am 17. Juli 1989 verstarb und einen Tag später auf dem Anifer Friedhof beigesetzt wurde. Der zeitweise wegen seiner Zugehörigkeit zur NSDAP umstrittene Dirigent war ab 1956 künstlerischer Leiter der Salzburger Festspiele und ab 1964 Mitglied des Direktoriums. 1967 gründete er die Osterfestspiele und 1973 die Pfingstfestspiele, die seit 1998 fester Bestandteil der Salzburger Festspiele sind und seit 2007 von Riccardo Muti geleitet werden.

Unser Spaziergang beginnt am Friedhof, der rund um die Anifer Kirche, deren erste Spuren ins 9. Jahrhundert zurückweisen, angelegt ist. Wir betreten den Friedhof auf der Westseite, gehen rechts am Kirchenbau entlang und entdecken auf der Ostseite, zwischen Kirche und Friedhofsmauer das Grab Herbert von Karajans. Nach dem Verlassen des Kirchhofs halten wir uns links und stehen nach wenigen Metern vor der Bronzebüste Karajans, die nahe dem Gemeindeamt in der Grödiger Straße Nr. 167 aufgestellt ist. Der Weg zum Karajan-Anwesen wurde schon zu Lebzeiten des Maestro nach ihm benannt. Wir gehen ein Stück der Straße entlang und genießen den unverstellten Blick auf die Bilderbuchlandschaft im Süden der Stadt

Salzburg, kehren schließlich um und gehen die Herbert-von-Karajan-Straße zurück ins Ortszentrum. Dort spazieren wir in östlicher Richtung zur Hellbrunner Straße und auf dieser weiter in südlicher Richtung. Wir passieren die große Kreuzung von Alpenstraße und Hellbrunner Straße und folgen im Weiteren der Salzachtal-Bundesstraße, bis wir zur Linken zum einladenden Gebäude des Schlosswirts kommen. Die Geschichte des Schlosswirts geht bis in das Jahr 1607 zurück.

Unweit des Schlosswirts hat sich, wie schon gesagt, mit Riccardo Muti ein weiterer Maestro ein Salzburg-Domizil hingestellt. Wir beenden unseren Spaziergang und kehren in das Hotel Kaiserhof nach Niederalm zurück, wo im kühlen Gastgarten unter alten Kastanien und unter jahrhundertealten Gewölben traditionelle Gerichte aus der Salzburger und steirischen Küche serviert werden.

Die Küche des Hotel-Restaurants Kaiserhof*** ist mit dem AMA-Gastrosiegel ausgezeichnet, da viele Produkte aus Österreichs Genussregionen verarbeitet werden. Die ausgesuchten und hervorragenden Weine kommen aus österreichischen Anbaugebieten. Ganzjährig geöffnet.

Hotel-Restaurant Kaiserhof***, Salzachtal Bundesstr. 135, 5081 Anif, Tel. 06246/8920, office@kaiserhof-anif.at, www.kaiserhof-anif.at

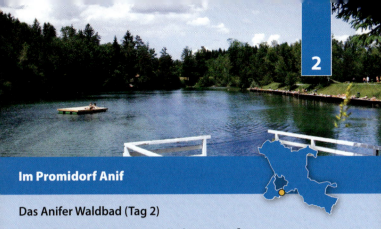

Im Promidorf Anif

Das Anifer Waldbad (Tag 2)

- **Tourcharakter:** Zweitagestour – Nachmittagsausflug
- **Ausgangspunkt:** Ortsmitte von Anif
- **Endpunkt:** Waldbad Anif
- **Weglänge:** 1,5 km
- **Gehdauer:** 0,5 h
- **Besonderheit:** Nur im Sommer und bei Schönwetter zu empfehlen

Den zweiten Tag unseres Aufenthalts in Anif verbringen wir im Waldbad und im angeschlossenen Kletterpark. Weil wir unseren Ausflug dorthin von Anif aus starten, gehen wir zu Fuß, und orientieren uns dazu an der großen Kreuzung in Richtung Salzachtal-Bundesstraße. Nach einem Kilometer biegen wir beim Kreisverkehr links ab und folgen dem ausgeschilderten Weg. Wer sportlich orientiert ist und zum Waldbad radeln möchte, fährt auf dem Tauernradweg. Auch öffentliche Verkehrsmittel wie die S-Bahn in Richtung Hallein bringen uns ans Ziel zur Station Fachhochschule Urstein. Von da an spazieren wir zehn Minuten flussabwärts, überqueren beim Kraftwerk Urstein die Salzach und folgen dann der Beschilderung zum Waldbad.

Im Klettergarten warten auf sechs Parcours über 100 Übungen auf Alt und Jung – das Waldbad hat sich längst zum Erlebnisbad gemausert und für besonders unruhige Geister wird sogar Geo-Caching angeboten. Für diese „GPS-Schnitzeljagd" besorgt man sich am Kiosk das entsprechende GPS-Gerät und los geht's.

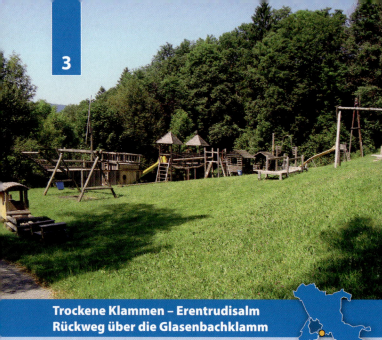

3

Trockene Klammen – Erentrudisalm
Rückweg über die Glasenbachklamm

Naturspektakel am Stadtrand

- **Tourcharakter:** Halbtagestour
- **Ausgangs- und Endpunkt:** S-Bahn Haltestelle Salzburg-Süd
- **Weglänge:** 4 km
- **Gehdauer:** 4 h
- **Höhenunterschied:** 550 hm
- **Besonderheit:** Nur bei Schönwetter zu empfehlen

Wir starten unsere Tour an der S-Bahn-Haltestelle Salzburg Süd. Bei der Brücke in Elsbethen folgen wir dem Hinweisschild „Trockene Klamm" und gehen quasi zur Einstimmung in die teils bizarre Gesteinslandschaft der Trockenen Klammen im Süden Salzburgs. Es geht durch die Kehlbachschlucht bis zum Archstein, einem schon durch seine Größe imposanten Naturdenkmal, das anschaulich macht, welche Felsmassen in Bewegung kamen, als nach dem Abschmelzen der eiszeitlichen Gletscher die Kalkschicht abrutschte und der Fels zerrissen wurde. Die

Trockenen Klammen, auch „Fagerklammen" genannt, heißen so, weil am Fuße der Klamm kein Bach rauscht. Im Gegensatz zur Glasenbachklamm fehlt hier das Wasser. Nach dem Archstein führt uns ein steil ansteigender Weg in die Trockenen Klammen, wo wir an Felsblöcken vorbeikommen, deren Spalten bis zu 20 Meter tief sind. Schautafeln informieren uns über den Wegverlauf, über die Geschichte des Kalksteins und über Besonderheiten der Vegetation. Zeitweise glaubt man, eher in einer Filmkulisse als in der freien Natur unterwegs zu sein. Pflanzen wuchern aus Steinen, als wären sie drapiert, und der Boden ist von Rissen und Schründen durchzogen. Dazwischen gedeihen Bäume und Sträucher und bilden im Verbund mit den Felsen eine beinahe skurril anmutende Landschaft. Die Wege im Labyrinth sind gut markiert, sodass wir auch wieder hinausfinden, und zwar über einen Steig, der mit Drahtseilen gut gesichert ist. Über diesen Steig gelangen wir in ein Hochwaldgelände, wo Bänke zum Ausruhen einladen und dazu, die Magie des Waldes auf sich wirken zu lassen. Wer halbwegs zügig geht, verlässt den Wald nach einer Stunde und tritt auf den Wiesen unterhalb des Wildlehens wieder an die Sonne, von wo aus der freie Blick auf die Landschaft im Süden der Landeshauptstadt geht und das Untersbergmassiv zum Greifen nah scheint. Nach einer knappen halben Stunde haben wir die Erentrudisalm erreicht, die zum Kloster Nonnberg, dem weltweit ältesten Frauenkloster, gehört und den Namen der ersten Äbtissin und Nichte des Wormser Bischofs Rupert trägt. Den Abstieg nehmen wir über die Fageralm und diesmal durch eine nasse Klamm. Durch die Glasenbachklamm fließt der Klausbach, der aus dem auf 650 Meter liegenden Eglsee fließt und später als rechter Zufluss in die Salzach mündet. Der Weg durch die Klamm ist etwa drei Kilometer lang und stellenweise etwas problematisch zu gehen. Eine gewisse Trittsicherheit, gutes Schuhwerk und trockenes Wetter sind gute Voraussetzungen, um den Weg durch die Klamm zu genießen, deren Felsformationen aus einer Zeit stammen, die 200 Millionen Jahre zurückliegt. Von Salzburg Süd sind wir mit der S-Bahn in 13 Minuten wieder zurück in der Stadt Salzburg.

Auf dem historischen Wallfahrtsweg nach Maria Plain

14 Stationen und eine Erklärung

- **Tourcharakter:** Nachmittagsspaziergang
- **Ausgangspunkt:** Stadt Salzburg
- **Endpunkt:** Wallfahrtsbasilika Maria Plain
- **Weglänge:** 1 km (ab der Stadtgrenze)
- **Gehdauer:** 1 h mit Pausen vor den Bildstöcken
- **Höhenunterschied:** 150 hm
- **Besonderheit:** Blick auf Salzburgs Stadtlandschaft

Die Basilika zu Unserer Lieben Frau Mariä Himmelfahrt auf dem Plainberg, allgemein Maria Plain genannt, zählt seit über 300 Jahren zu den beliebtesten Wallfahrtskirchen Österreichs, und aus dem Alltag der Gläubigen in der Stadt Salzburg und ihrem Umland ist sie nicht wegzudenken. Wallfahrten zum Gnadenbild Maria Trost finden regelmäßig statt. Erzbischof Andreas Rohracher (1943–1969) initiierte die Monatswallfahrt, die jedoch erst im Herbst 1975 unter Erzbischof Karl Berg zum ersten Mal durchgeführt wurde. Sie findet an jedem ersten Samstag im Monat statt. Wer sich im Kirchenkalender auskennt, weiß, dass es sich dabei um den Samstag nach dem Herz-Jesu-Freitag handelt. Den Sommer über beginnt sie bei der Pfarrkirche Itzling und im Winter in der Basilika selbst.

Der historische Pilgerweg von der Stadt Salzburg auf den Plainberg begann 300 Meter nördlich der ehemaligen Stadtmauer an der Gabelung Elisabethstraße-Rainerstraße. Der erste Bildstock ist neben der Elisabeth-Apotheke in die Hauswand eingelassen. Der weitere Weg über Elisabethstraße, Julius-Haagn-Straße und Plainstraße wurde von Clemens M. Hutter in seinem Buch „Stadtwandern in Salzburg" (Verlag Anton Pustet, Salzburg 2008) nachhaltig beschrieben. Deshalb orientieren wir uns auf diesem Abschnitt der historischen Wallfahrt nicht so sehr an den Bildstöcken, sondern vielmehr an der modernen Architektur des einstigen Arbeiter- und Eisenbahnerbezirks Itzling wie dem neuen Hochregallager der Firma Alpenmilch an der Rosa-Kerschbaumer-Straße, dem Gebäude der Salzburg Research Forschungsgesellschaft in der Jakob-Haringer-Straße und dem Ensemble des Techno-Z in der Schillerstraße.

Wir beginnen unsere „Wallfahrt" dort, wo die Stadt Salzburg an den Flachgau grenzt, konkret an das Gemeindegebiet von Bergheim. Wir stehen vor der Unterführung der Westautobahn, die 1939 errichtet wurde, worauf eine in Stein gemeißelte Jahreszahl hinweist. Auch das Hoheitszeichen des Dritten Reichs ist noch zu sehen, allerdings ohne Hakenkreuz.

Nach dem Passieren der Unterführung kommen wir an Bildstöcken mit Motiven aus den Glorreichen Geheimnissen vorbei. Im Garten des Hauses Plainbergweg 19 steht der Bildstock Nr. 11, der auf die Auferstehung Jesu verweist. Im Garten des nächsten Anwesens steht der Bildstock Nr. 12 mit dem Motiv Christi Himmelfahrt, und den Bildstock Nr. 13 mit dem Verweis auf Pfingsten finden wir im Garten des Hauses Plainbergweg 27. In der unmittelbar darauf folgenden Rechtskurve befindet sich der Bildstock Nr. 14 mit einer modernen Darstellung von Marias Himmelfahrt. Nach dem letzten Bildstock mit der Darstellung von der Krönung Marias im Himmel kommen wir zur Votivsäule, worauf die Madonna von Plain zu sehen ist. Die Bildstöcke verdanken wir einem anonym gebliebenen Salzburger, der im Jahre 1705 Maria für die Rettung des Fürsterzbistums dankte. Unterhalb des Gasthofs Maria Plain zweigen wir vom Plainbergweg ab, um die weitere Route über den Kalvarienberg zu nehmen, der unter der Regentschaft des Fürsterzbischofs Johann Ernst Graf Thun angelegt wurde. Wir passieren vier Kapellen mit Darstellungen aus den Geheimnissen des Schmerzhaften Rosenkranzes und kommen schließlich zur Kreuzigungsgruppe. Von dort ist es nur mehr ein kurzer Weg bis zu den Toren der Basilika. Ehe wir uns dem barocken Prunk der Wallfahrtskirche ergeben, werfen wir noch einen Blick auf die Schmerzenskapelle mit der Pietà von Johann Schwanthaler. Wer Zeit und Muße hat, sich in der Kirche in die Votivbilder zu vertiefen, wird ebenso berührende wie erschütternde Zeugnisse eines tief empfundenen Volksglaubens und harter persönlicher Schicksalsschläge finden.

Beim Verlassen der Kirche geht der Blick über die Stadt Salzburg bis zum Untersberg und schweift weiter bis zu den Chiemgauer Alpen im Westen und zurück zum Tennengebirge und der Osterhorngruppe.

Der Saalach entlang

Zwischen Barockschloss und Gemüsebauern

- **Tourcharakter:** Radwanderung 🚴
- **Ausgangs- und Endpunkt:** Schloss Kleßheim
- **Weglänge:** 13 km
- **Fahrdauer:** 3 Stunden mit Besichtigungen
- **Besonderheit:** Landschaftsschutzgebiet

Die Saalach ist der zweitgrößte Fluss des Landes Salzburg und entspringt im Saalkar nördlich der Kitzbüheler Kalkalpen auf einer Höhe von 1940 Metern. Nach einer Gesamtlänge von 103 Kilometern mündet sie zwischen Freilassing und der Stadt Salzburg beim Saalachspitz auf einer Meereshöhe von 408 Metern in die Salzach. Nach dem Verlassen des Glemmtals macht sie im Zeller Becken vor Maishofen eine 45-Grad-Biegung in nördliche Richtung und fließt durch den Mittelpinzgau, bis sie am Fuße des Steinpasses österreichischen Boden verlässt, um dann auf dem Gemeindegebiet von Wals-Siezenheim wieder österreichisch zu werden. Seit der Rupertiwinkel bayerisch ist, bildet die Mitte der Saalach auf einer Strecke von knapp 33 Kilometern die Grenze zwischen Österreich und Deutschland beziehungsweise zwischen Salzburg und Bayern.

Wir starten unsere Tour mit dem Fahrrad bei der Einfahrt in den Schlosspark Kleßheim. Vorbei an den steinernen Adlern, die unter Adolf Hitler errichtet wurden, radeln wir durch den kärglichen Rest des Barockgartens, um vor der Rampe des Schlosses links abzubiegen. Dabei fallen uns die Sterne auf dem Geweih der Hirsche auf, die die Schlossrampe zieren. Fürsterzbischof Leopold Anton von Firmian, der den Bau des Schlosses fertigstellen ließ, hatte sich den Hirsch mit dem sternefunkelnden Geweih als Wappentier erwählt.

Westlich des Schlosses verlassen wir den Park durch ein Tor in der Schlossmauer, halten uns halb links und fahren in nördlicher Richtung auf die Saalach zu. Dabei passieren wir die Gebäude der Tourismusschulen Salzburg und der Salzburger Bezirksbauernkammer. Nach etwa einem Kilometer durch das Landschaftsschutzgebiet der Siezenheimer Au erreichen wir das Ufer der Saalach, an dem wir links abbiegen und etwa fünf Kilometer flussaufwärts radeln. Dass auf der anderen Seite des Flusses Bayern liegt, ist in Zeiten von EU und Schengen kaum eine Erwähnung wert. In Grünau verlassen wir den Radweg und die gräulich-grüne Saalach und orientieren uns für den Rückweg zum Schloss Kleßheim an der Beschilderung „Denkmal Dörferrunde", die auf einige typische Wirtshäuser in Wals und Siezenheim verweist. So kommen wir auch am Kulturzentrum Bachschmiede vorbei, in dessen Museum unter anderem Fundstücke aus der im Jahre 1815 in Loig entdeckten römischen Villa zu sehen sind. Von der Grünauer Straße biegen wir im Weiteren in die Walser Straße ein und danach in die Holzmeisterstraße. Auf dem parallel zur Straße führenden Radweg fahren wir am rückwärtigen Zaun der Schwarzenbergkaserne in Richtung Osten. Die Gegend ist wegen der vielen Neubauten etwas unübersichtlich. Dafür lernen wir den Teil des Flachgaus kennen, der von den Walser und Siezenheimer Gemüsebauern geprägt ist. Wenn wir in Siezenheim beim Gasthof Haimbuchner vorbeikommen, sind wir auf der richtigen Spur und haben nur noch zwei Kilometer bis Kleßheim vor uns.

Lust-Schloss Kleßheim

Die heutigen Casino-Besucher können sich darüber freuen, dass Fürsterzbischof Johann Ernst Graf Thun Geschmack bewies, als er 1690 den kleinen Landsitz Kleshof erwarb und Johann Bernhard Fischer von Erlach, dem führenden Architekten der Zeit, den Auftrag gab, dort das Lustschloss Favorita zu errichten. Mit dem Tod Graf Thuns wurde der Bau eingestellt, und sein Nachfolger, Franz Anton von Harrach, interessierte sich mehr für das Schloss Mirabell. Leopold Firmian, der Erbauer des Schlosses Leopoldskron, sollte es schließlich sein, der die Baustelle wieder aktivierte. Er ließ das Lustschloss fertigstellen, wenn auch in stark abgespeckter Form, und sein Markenzeichen, Hirsche mit sternefunkelndem Geweih, beiderseits der Auffahrt zur Rampe platzieren. Casino-Besucher, die über die Kleßheimer Allee zum Schloss fahren, passieren dabei auch die Ludwig-Viktor-Gasse, eine unscheinbare Wohnstraße in Taxham. Ludwig Viktor (1842–1919) war kein Geringerer als der jüngste Bruder von Kaiser Franz Joseph I. – und

Mit „Luziwuzi" ins Casino

seit 1866 nicht ganz freiwillig Hausherr in Kleßheim. Der exzentrische Erzherzog, schon von klein auf „Luziwuzi" genannt, wurde der offiziellen Lesart nach wegen einer Affäre, die sich mit einem Offizier im „Kaiserbründl", einem der Wiener Bäder ausschließlich für Männer, zugetragen haben soll, vom Wiener Hof nach Salzburg verbannt. Der wirkliche Grund wird wohl eher in seinem losen Mundwerk und seinem Hang zu Intrigen gelegen haben. Man sagte ihm nach, seine Zunge sei scharf wie die einer Giftschlange, worin wohl auch der Grund für das Zerwürfnis mit Kaiserin Elisabeth begründet gewesen sein mag. In Salzburg war Ludwig Viktor nicht nur wegen seiner Feste bekannt und beliebt, er war auch ein großzügiger Mäzen des Salzburger Kunstvereins und hatte ein ausgeprägtes Gespür für soziale Fragen. So wurde die Gründung der Volksschule Siezenheim im Jahre 1906 durch eine Schenkung von ihm möglich. Als Zeichen des Dankes und der Anerkennung wurde in der Salzburger Altstadt der „Alte Markt" in Ludwig Viktor

Lust-Schloss Kleßheim

Platz umbenannt und blieb es bis 1927. Auch die Lehener Brücke wurde 1901 nach ihm benannt. Der Bau des Winterpalais, besser bekannt unter dem Namen Kavalierhaus, geht ebenfalls auf die Initiative des Erzherzogs zurück. Er beauftragte damit Heinrich von Ferstel, einen der Wiener Ringstraßen-Archtekten, der für Ludwig Viktor auch schon das Palais am Wiener Schwarzenbergplatz entworfen hatte.

Knapp 20 Jahre nach dem Tod Ludwig Viktors – er liegt auf dem Friedhof in Siezenheim begraben – begann Adolf Hitler sich als Hausherr auf Kleßheim zu fühlen und empfing dort ganz staatsmännisch die Diktatoren der Zeit wie den Italiener Benito Mussolini, den ungarischen Reichsverweser Miklós Horthy und den Rumänen Ion Antonescu. Im Juli 1944 war in Kleßheim ein Attentat auf Hitler geplant. Der in Thalgau ansässige Wehrmachts-General Helmuth Stieff hätte ausführen sollen, was kurze Zeit später auch Stauffenberg in der Wolfschanze misslang.

Mit „Luziwuzi" ins Casino

Nachdem die Offiziere der Wehrmacht das Weite gesucht hatten, zogen die US-Amerikaner mit ihrer Militärverwaltung ein und feierten den Sieg über den Faschismus. Die Hakenkreuz-Gravur prangte aber auch noch gut zwanzig Jahre später auf dem Tafelsilber, als das Schloss längst schon der Salzburger Landesregierung als Gästehaus diente und gekrönte wie ungekrönte Häupter dort nächtigten, so auch 1969 Queen Elizabeth II.

Die die Parkeinfahrt einrahmenden Sandsteinadler wurden Ende der 1930er-Jahre aufgestellt und begrüßen auch heute noch die Besucher des Casinos.

Im Barock war die Architektur des Schlosses wesentlich mit der des Gartens verbuºnden. Das eine war ohne das andere nicht zu denken. Der ursprünglich sehr großzügig angelegte Park mit Lustgarten, Meierei und Jagdgarten ist heute wegen des bereits 1955 in Betrieb gegangenen Golfplatzes nur mehr in Bruchstücken wahrnehmbar und auch nur teilweise für Besucher zugänglich.

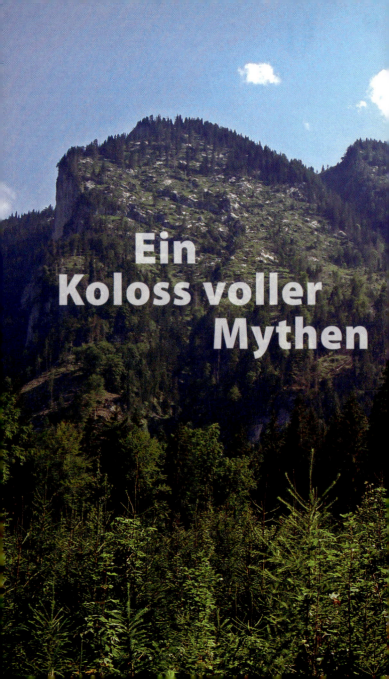

Ein Koloss voller Mythen

Im Banne des Untersbergs

Es sind die Lage und das Aussehen, die den Riesen, wie das Kalkstein-Massiv südlich von Salzburg auch genannt wird, zu einem sagenumwobenen Berg gemacht haben. Imposant ist die sich von allen Himmelsrichtungen aufdrängende Landmarke des Alpenvorlandes vor allem deshalb, weil sich der Untersberg im starken Kontrast zur lieblichen Landschaft des Salzburger Beckens wie ein Tafelberg vor dem Betrachter aufbaut. Das Massiv mit einer freien Profilhöhe von immerhin 1400 Metern erstreckt sich über eine Fläche von 70 Quadratkilometern und ist knapp 2000 Meter hoch, wobei die höchste Erhebung, der Berchtesgadener Hochthron mit 1973 Metern, auf deutscher Seite liegt, die rund zwei Drittel des Massivs einnimmt. Bei Franz Schubert heißt es dazu: „Diese Größe will uns fast erdrücken." Als nördlicher Ausläufer der Berchtesgadener Kalkalpen vereint der Untersberg vieles in sich: Er ist Hausberg der Salzburger, Ski-, Wander- und Kletterberg, Landschafts- und Naturschutzpark auf österreichischer und Biosphärenpark auf bayerischer Seite und vor allem ewiger Quell zahlreicher Mythen und Legenden. Selbst der Dalai Lama sprach bei seinem Salzburg-Besuch 1992, als er die Eröffnungsrede bei den Sommerfestspielen hielt, vom Untersberg als dem „Herzchakra Europas".

Nicht nur Karl der Große, der als erster deutscher Kaiser in die Geschichte eingegangen ist, nein, gleich mehrere Kaiser haben sich in das tiefe Innere des Berges zurückgezogen, um zu einer bestimmten Stunde den Berg zu verlassen und die letzte aller Schlachten zu schlagen. Zum Wesen der Apokalypse gehört, dass wir nicht wissen, wann sie eintritt. Für die einen mögen es die Raben sein, die in einer bestimmten Höhe den Berg umkreisen müssen, um das bevorstehende Ende anzukündigen, während sich die anderen an die Legende vom Bart des Kaisers halten. Wenn er sich dreimal um den Tisch, an dem der Kaiser in einer mächtigen Höhle sitzt, gewickelt hat, steht die Schlacht aller Schlachten bevor. Sie wird auf dem Walserfeld stattfinden und den endgültigen Sieg des Guten über das Böse herbeiführen. Der Schauplatz für den Aufmarsch des Kaisers, so will es die Legende, soll beim Birnbaum auf dem Walserfeld sein. Wenn der mehrmals neu gepflanzte Baum Früchte trägt, ist es soweit.

Bedingt durch die Verkarstung des Kalksteins ist der Untersberg tatsächlich von einem riesengroßen, bislang noch nicht endgültig erforschten Höhlensystem durchzogen, das sich im Laufe von Jahrmillionen gebildet hat. Die einzelnen Höhlensysteme sind durch Längs- und Querschächte miteinander verbunden und korrespondieren mit dem Grundwasser und den Quellen am Fuße des Bergmassivs. An der Vermessung und Erforschung des Berginneren soll auch Alexander von Humboldt, der Salzburg mehrmals besuchte, beteiligt gewesen sein. Maßgeblicher Anteil an der Erforschung und Erschließung kommt Eberhard Fugger (1842–1919) zu, dem Salzburger Geologen und Direktor des Museums Carolino Augusteum, das 2007 in „Salzburg Museum" umbenannt wurde.

So unwirtlich sich der Gebirgsstock darstellt – im Sommer können sich die Felswände auf bis zu 80 Grad Celsius erwärmen, im Winter ist es vor allem auf dem Plateau bitterkalt – hat sich dennoch eine höchst interessante Fauna und Flora gebildet. Zu den beeindruckendsten Bewohnern zählen zweifellos die Gämsen, die in den Felswänden ihr Zuhause haben, und die Gänsegeier, die vom Zoo Hellbrunn auf den Untersberg übersiedelten. Schneehuhn und Alpenschneehase sind hier ebenso heimisch wie Alpendohlen, Kolkraben, Steinadler, Tannenhäher, Eichelhäher, Buchfink und Tannenmeise. Erfolgreich ausgesetzt wurden außerdem das Wildschaf (Mufflon) und das Murmeltier.

Auf österreichischer Seite sind es die Gemeinden Großgmain und Glanegg, die sozusagen im Banne des Untersbergs stehen. Der Luftkurort Großgmain wird nur durch den Weißbach von der Nachbargemeinde Bayerisch Gmain getrennt. Schon auf österreichischem Boden, aber doch mit Bayern verbunden. In diesem Umstand, verbunden mit dem ausgewiesenen Heilklima und der Nähe zur Stadt Salzburg mögen die Gründe liegen, dass sich Schriftsteller und Schauspieler gerne am Fuße des Untersbergs niedergelassen haben. Günter Eich, der bekannte deutsche Dichter der Nachkriegszeit und Ilse Aichinger haben hier eine Zeit lang gelebt, ebenso der Schauspieler Josef Meinrad, der Komponist Cesar Bresgen und der Regisseur Oscar Fritz Schuh. Ursprünglich besiedelt ist die Gegend schon seit der Bronzezeit. Von der Plainburg, dem Stammsitz der Herren von Plain, sind nur noch die Grundmauern zu sehen. Sie liegen über dem Gmainer Tal, 1,5 Kilometer außerhalb des Ortskerns von Großgmain. Traurige Berühmtheit erlangte dieses Geschlecht, als es im 12. Jahrhundert im Auftrag von Kaiser Friedrich Barbarossa in der Stadt Salzburg brandschatzte.

Neben dem weit über die Grenzen Salzburgs hinaus bekannten Freilichtmuseum ist die Wallfahrtskirche zu Unserer Lieben Frau mit einer sogenannten Schönen Madonna und Tafelbildern aus der Spätgotik eine weitere Attraktion.

Früher einmal, als der städtische Nahverkehr noch mit mehr Weitsicht ausgebaut wurde, konnte man mit der „Roten Elektrischen" von der Stadt Salzburg nach Grödig fahren und weiter zur Staatsgrenze beim Hangenden Stein/Untersberg. Heute rauschen die Autos auf der Tauernautobahn am Ort vorbei, und nur das auf einem bewaldeten Hügel stehende Schloss Glanegg der Familie Mayr-Melnhof und die Kirche Sankt Leonhard geben die Richtung an. Der Marmorbruch bescherte Glanegg schon zur Römerzeit eine gute Konjunktur. Als Ende der 1950er-Jahre mit dem Bau der Seilbahn auf den Untersberg begonnen wurde, begann sich auch der Tourismus zu entwickeln.

6

Über den Dopplersteig auf den Hochthron

Die Paraderoute auf den Hausberg

- **Tourcharakter:** Zweitagestour
- **Ausgangs- und Endpunkt:** Parkplatz Glanegg
- **Weglänge:** 13 km (Auf- und Abstieg)
- **Gehdauer:** 4 h (Aufstieg), 2,5 h (Abstieg)
- **Höhenunterschied:** 1340 hm
- **Besonderheit:** Nur bei Schönwetter zu empfehlen; Voraussetzungen sind ausreichend Kondition und Trittsicherheit

Freilich ist der Untersberg auch mit der Seilbahn zu bezwingen. Die Talstation steht in St. Leonhard und die Bergstation auf 1776 Meter knapp unter dem Geiereck, das 1806 Meter über dem Meeresspiegel liegt. Der mit der Seilbahn bezwungene Höhenunterschied beträgt 1320 Höhenmeter. Der für den Aufstieg gewählte Dopplersteig ist um 20 Höhenmeter länger. Es ist durchaus eine physische Herausforderung, den schwer mit Mythen und Legenden beladenen Hausberg der Salzburger zu Fuß zu erklimmen. Dabei ist es nicht so sehr der Höhenunterschied, der an die Substanz geht als vielmehr die Art des Aufstiegs, denn es geht durchwegs steil hinauf und das über Hunderte von Stufen. Deshalb ist Trittsicherheit eine unbedingte Voraussetzung, außerdem sollte man schwindelfrei sein. Die Route über den Reitsteig ist dagegen etwas weniger anspruchsvoll, weil es hier öfters anstelle der Stufen in Serpentinen aufwärtsgeht. Dadurch verlängert sich allerdings der Aufstieg um rund eineinhalb Stunden.

Ausgangspunkt unserer Tour ist der Parkplatz in Glanegg. Der Untersberg zaudert nicht, sondern nimmt uns gleich in Anspruch. Der Weg durch den Rosittenbruch führt noch durch viel Grün, erfordert aber von Anfang an kraftvolle Schritte. Und so geht es weiter durch die Untere Rositten und über die sogenannte Himmelsleiter zur Oberen Rositten, womit wir uns bereits auf 1287 Metern befinden. Von hier aus eröffnet sich uns ein grandioser Blick auf die Stadtlandschaft um Salzburg, und der Perspektivenwechsel ist beileibe keine alltägliche Erfahrung. Da das Massiv des Untersbergs wegen seiner topografischen Besonderheiten allgegenwärtig ist, ist der Blick auf die Stadt mit den sich winzig ausnehmenden Stadtbergen fürs Erste gewöhnungsbedürftig. Nach einer Pause, die ganz dem Verschnaufen und Genießen der Fernsicht gilt, geht es weiter und wir kommen zur Abzweigung in Richtung Toni Lenz Hütte, die bereits auf deutschem Gebiet liegt. Jetzt liegt die Dopplerwand vor uns und damit auch der anspruchsvollste Abschnitt der Tour. Während des etwa einstündigen weiteren Aufstiegs muss jeder Schritt sitzen und die Hand sicherheitshalber am Seil bleiben. Der Steig, 1876 angelegt, ist förmlich in die Dopplerwand gemeißelt und darf durchaus als eine der ersten Pionierarbeiten in der Erschließung des Untersbergs für den alpinen Tourismus gesehen werden. Schließlich hat die Gründung der Salzburger Sektion des Österreichischen Alpenvereins erst 1869 stattgefunden. Namensgeber für die Wand und den Steig ist Ludwig Doppler und nicht wie fälschlich oft angenommen der Physiker Christian Doppler. Ludwig Doppler war ein engagiertes Vorstandsmitglied der Salzburger Sektion des Österreichischen Alpenvereins und in dieser Funktion maßgeblich an der Erschließung des Untersbergs beteiligt. Rund eine Stunde später haben wir das Taxhamer Kreuz auf 1560 Metern erreicht, das fast das Ende des Steigs markiert. Kurz danach, bei der Rosittenbrücke kreuzen sich der Dopplersteig und der Reitsteig, den wir für den Abstieg am nächsten Tag wählen werden. Bis zum Zeppezauerhaus auf 1668 Metern, das früher einmal Untersberghütte genannt wurde, sind noch gut 100 Höhenmeter zu überwinden. Zuerst führt uns der Weg aber weiter zur Bergstation und dem knapp dahinter liegenden Geiereck mit dem eindrucksvollen Eisenkreuz. Wir versuchen uns vor Augen zu halten, dass der Untersberg am Fuß an die 70 Quadratkilometer Fläche umfasst, das Plateau immerhin noch 17, und dass das Berginnere mit riesigen Höhlensystemen durchzogen ist. Da sportlicher Ehrgeiz durchaus als Motto dieser Tour verstanden werden darf, machen wir uns nach einer kurzen Rast auf den Weg zum Salzburger Hochthron – mit 1853 Metern die höchste Erhebung des Untersbergs auf österreichischer Seite.

Tag 2

Im Zeppezauerhaus, das nach dem langjährigen Leiter der Sektion Salzburg, Dr. Martin Zeppezauer benannt ist, werden der Rest des Tages und die Nacht verbracht. Am frühen Vormittag machen wir uns an den Abstieg, wofür wir, wie gesagt, den Reitsteig wählen.

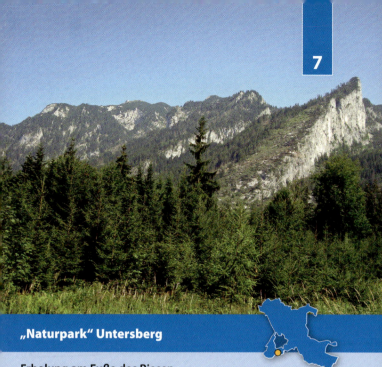

„Naturpark" Untersberg

Erholung am Fuße des Riesen

- **Tourcharakter:** Halbtagestour
- **Ausgangs- und Endpunkt:** Parkplatz vor dem Freilichtmuseum Großgmain
- **Weglänge:** 5 km
- **Gehdauer:** 2,5 h mit Pausen bei den Schautafeln
- **Höhenunterschied:** 110 hm
- **Besonderheit:** Gut geeignet als Ausflug mit Kindern

Diese Tour beginnt am Parkplatz des Freilichtmuseums in Großgmain und ist besonders für Kinder gut geeignet, um den Untersberg und seine Naturvielfalt besser kennenzulernen. Zur Einstimmung spazieren wir den Fahrweg bis zum Latschenwirt, was etwa eine Dreiviertelstunde in Anspruch nimmt. Vom Latschenwirt geht es dann auf dem markierten Weg in Richtung Wolfschwang weiter. Entlang dieses Wegs,

der über weite Strecken durch den Wald führt, kommen wir an mehreren Stationen des Wald-Quiz vorbei, wodurch Kindern Wissen über die Bewohner des Waldes, aber auch über Bäume und Pflanzen vermittelt wird. Über kleine Brücken entlang des Flusses führt der Weg knapp 15 Gehminuten zur Kneipp-Station, wo wir es uns nicht entgehen lassen, durch kaltes, glasklares Gebirgswasser zu waten, so den Kreislauf in Schwung bringen und die Blutgefäße zu Sonderschichten anregen. Danach marschieren wir weiter, genießen den Blick auf die Wände des Untersbergs und kommen schließlich an einer kleinen Kapelle vorbei, nach der wir auf die Kreuzung mit einer Straße stoßen. Wir überqueren die Straße, gehen weiter entlang von Sumpfwiesen und orientieren uns an einem Parkplatz, der vor uns liegt. Er gehört zur Wolfschwang-Alm, das heißt, der Weg bis zur Alm ist nur mehr kurz. Die Erwachsenen erfreuen sich am Panorama der Landschaft um Berchtesgaden, und die Kinder sind vom Tiergehege mit Rehen, Hasen und Hühnern fasziniert. Zurück geht es auf demselben Weg, um all das zu entdecken, was wir auf dem Hinweg übersehen haben.

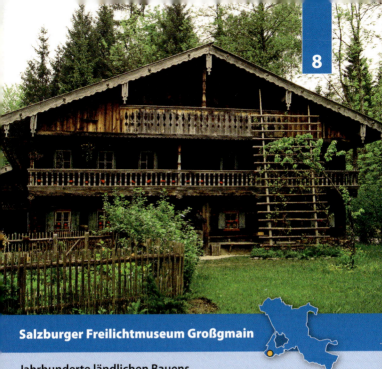

Salzburger Freilichtmuseum Großgmain

Jahrhunderte ländlichen Bauens

- **Tourcharakter:** Halbtagesausflug oder Tagesausflug, wenn das gesamte Gelände besichtigt werden will
- **Ausgangs- und Endpunkt:** Parkplatz Freilichtmuseum Großgmain
- **Weglänge:** 2,5 km
- **Gehdauer:** 3 h mit Besichtigungen (Abteilung Flachgau)
- **Besonderheit:** Einblick in die ländliche Lebenswelt vergangener Jahrhunderte

Wer auf Wanderungen und Ausflügen durch den Flachgau erfolglos nach erhalten gebliebenen Bauerngehöften aus den vorigen Jahrhunderten Ausschau hält, dem sei der Besuch des Freilichtmuseums Großgmain aufs Wärmste empfohlen. Dort wird der interessierte Besucher für die eine oder andere Enttäuschung mehr als entschädigt und findet neben Bauernhöfen und Wohnhäusern auch Zweckbauten, wie sie für die ländliche

Gesellschaft in den Jahrhunderten vor der Industrialisierung errichtet wurden. Welch enormes handwerkliches Können dabei Verwendung fand, kann gar nicht genug bestaunt werden. Deshalb geht es bei den ausgestellten Objekten auch nicht ausschließlich um das jeweilige Gebäude, sondern im zumindest gleichen Umfang auch um die jeweiligen Kunst- und Kulturfertigkeiten im Bauen und Gestalten sowie in der Erzeugung von Lebensmitteln und Gebrauchsgütern des Alltags wie Brot und Honig beziehungsweise Schuhe und Holzrechen.

Die Idee des Freilichtmuseums stammt aus der zweiten Hälfte der 1970er-Jahre, als das Abreißen und Vernichten scheinbar funktionslos und deshalb uninteressant gewordener alter Gebäude noch Vorrang vor dem Bewahren hatte. 1984 wurde das Museum eröffnet und präsentiert gegenwärtig in über 70 historischen Originalbauten 600 Jahre ländlicher Baugeschichte. Seit dem Frühsommer 2010 kann der Besucher bequem in die Museumsbahn steigen. Die Schmalspurbahn ist mit drei Stationen auf einer Streckenlänge von 1,7 Kilometern angelegt. Wir entscheiden uns fürs Gehen und konzentrieren uns auf die Abteilung Flachgau, die gleich hinter dem Eingang beginnt. Tennengau, Pinzgau, Pongau und Lungau schließen sich südöstlich an.

Wenn wir das Thanngütl-Haus, das 1736 in Bergheim errichtet wurde und in dem Kassa und Souvenirshop untergebracht sind, verlassen, halten wir uns links und folgen der roten Markierung. Links vom Weg steht die Hinterseemühle aus 1828, eine typische Bauernmühle, in der nur das eigene Getreide verarbeitet werden durfte. In früheren Zeiten hatten nur die Grundherren das Privileg, eine Mühle zu betreiben. Dieses Privileg ging nach Auflösung der Grundherrschaften zumeist auf die Gemeinden über, die in der Folge sogenannte Lohn- oder Mautmühlen betrieben. Mit Ausnahme jener Bauern, die eine eigene Mühle besaßen, mussten dort alle anderen ihr Korn gegen eine bestimmte Gebühr, zumeist in Form von Getreide, mahlen lassen. Nach einigen Metern stehen wir auf der rechten Seite vor dem Lohnergütl aus dem Jahr 1666, das sich wie das Hiertlhaus an der nächsten Wegkreuzung links, mit einem umzäunten Hausgarten präsentiert. Neben Gemüse und Salaten sehen wir vor allem Küchen- und Heilkräuter angebaut. Ysop, Wermut, Pimpernelle, Pfefferminze und Angelika erleben jetzt wieder eine Renaissance in Küche und Hausapotheke. Das Hiertlhaus stand früher im Gemeindegebiet von Dorfbeuern und ist ein besonders schönes Beispiel bäuerlicher Baukunst, nicht zuletzt wegen der eindrucksvollen Zierschrot links neben der Eingangstür.

Nach zwei oder drei Gehöften haben wir schon ein Gespür dafür, ob uns das Anschauen der Fassade reicht oder ob wir auch das Innere sehen wollen. Um durch die aufgehängten Informationstafeln zu den wichtigsten Daten über das jeweilige Gebäude zu kommen, müssen wir aber zumindest durch die Türe in das Haus treten. Beim Bauernpeterhaus aus Nußdorf am Haunsberg, dessen Ursprünge auf das Jahr 1571 zurückgehen, ist das besonders interessant, weil darin ein Posten der k. k. Gendarmerie untergebracht war. Auf unserem Weg kommen wir noch an einer Feuerwehrzeugstätte aus Hinterschroffenau in der Gemeinde Hof bei Salzburg, einem Schmiedhaus aus Berndorf und der Brunnbauernkapelle vorbei. Keinesfalls versäumt werden sollte ein Besuch im Wörndl Austraghaus aus Thalgau, in dem eine Gemischtwarenhandlung untergebracht ist, wo es auch heute noch Verschiedenes zu kaufen gibt, von handgemachten Holzschuhen bis hin zu Lebkuchen. Es steht an der dritten Abzweigung links.

Untersbergmuseum

Der facettenreiche Berg und seine Umgebung

- **Tourcharakter:** Nachmittagsspaziergang
- **Ausgangs- und Endpunkt:** Parkplatz Fürstenbrunn
- **Weglänge:** 1 km
- **Gehdauer:** 0,5 h zum Wasserschloss
- **Höhenunterschied:** 50 hm
- **Besonderheit:** Auch bei Schlechtwetter zu empfehlen

Mit dem Auto fahren wir von der Stadt Salzburg über die Moosstraße bis nach Glanegg und weiter nach Fürstenbrunn. Wer über die Tauernautobahn (A 10) anreist, verlässt diese bei Salzburg Süd, fährt nach Grödig und von dort weiter bis Glanegg beziehungsweise Fürstenbrunn. Wer den Bus bevorzugt, steigt am Hanuschplatz in der Stadt Salzburg in die Linie 60 der Firma Marazek und lässt sich bis zum Museum chauffieren.

In den Ausstellungsräumen des Anfang der 1990er-Jahre gegründeten Museums wird all das gezeigt, was den Untersberg so besonders macht. Er ist nicht nur ein Massiv aus Kalkstein, sondern vor allem ein Berg, der wohl aufgrund seiner Lage, seines Aussehens und der Beschaffenheit des Gesteins zum Gegenstand zahlloser Sagen und Legenden wurde. Wirtschaftlich bedeutend sind nach wie vor Abbau und Verarbeitung des Marmors, denen ein großer Teil der Ausstellung gewidmet ist. Beides wird fast ohne Unterbrechung seit der Römerzeit betrieben. Ergänzend dazu werden Funde gezeigt, die auf Besiedelung durch die Römer hinweisen. Aus dem Stein des Untersbergs wurde auch Kalk gebrannt. Dieses wichtige Baumaterial wurde schon zur Römerzeit hergestellt. Der Kalkbrenner von Fürstenbrunn war bis ins 20. Jahrhundert im Gebäude des heutigen Museums untergebracht. In die Welt der Höhlenbären tauchen wir ebenso ein wie in die des Torfabbaus rund um den Untersberg. Wann und wie der Untersberg für den alpinen Tourismus erschlossen wurde, ist eines der weiteren Themen.

Lebenswichtig für die Bewohner der Stadt Salzburg ist das Thema Wasser. Aufgrund seiner Beschaffenheit ist der Untersberg ein riesiges Wasserreservoir, woraus die Fürstenbrunner Quelle gespeist wird. Die Niederschläge dringen durch das Gestein des 17 Quadratkilometer großen Plateaus in den Kalkstein ein und treten nach nur wenigen Tagen als Grundwasser aus dem Bergsockel aus. Das Fürstenbrunner Wasserschloss ist über einen halbstündigen Weg vom Museum aus leicht zu erreichen.

Auch an ein dunkles Kapitel der Zeitgeschichte wird im Museum erinnert. In Grödig wurde während des Ersten Weltkrieges das größte Gefangenenlager der österreichisch-ungarischen Monarchie errichtet. Zeitweise waren darin mehr als 40.000 meist russische Gefangene untergebracht. Heute erinnert der Russenfriedhof an das einstige Lager. Fährt man von St. Leonhard kommend auf der Berchtesgadener Straße in Richtung Tauernautobahn, liegt der Friedhof, der Teil des großen Lagers war, linker Hand auf den Ausläufern des Gois-Hügels.

Zur Gnadenmutter „auf der Gmain"

Zur Gnadenmutter „auf der Gmain" wird schon seit Jahrhunderten gepilgert.
Wie für marianische Wallfahrtsorte üblich, steht im Mittelpunkt der Anbetung eine plastische Madonna. In Großgmain handelt es sich dabei um eine Steingussfigur vom Typus der Schönen Madonna, die um 1400 n. Ch. gefertigt worden sein dürfte. Seit einer umfassenden Restaurierung 1965 erstrahlt sie wieder im originalen Ockerton. Auf die lange Tradition der Wallfahrtskirche Zu unserer Lieben Frau verweisen auch die im rechten Eingangsbereich angebrachten Wundertafeln. Kulturhistorische Pretiosen stellen die spätgotischen Tafelbilder dar, wovon sechs vollständig und zwei in Fragmenten erhalten sind. Da der Künstler namentlich nicht bekannt ist, werden sie einem Meister von Großgmain zugeschrieben. Sie zählen zu den wertvollsten spätgotischen Kunstschätzen im österreichisch-süddeutschen Raum. Ein Kuriosum der Wallfahrt nach Großgmain war das unblutige Opfern von Hühnern am Hochaltar, die während der Messe in einem Schrank hinter dem Altar, der heute noch besichtigt werden kann, verwahrt wurden. Vielleicht hat diese ehemalige Tra-

Kraftort Großgmain

dition den Großgmainer Pfarrer Herbert J. Schmatzberger dazu bewogen, dass er in seiner Kirche auch Tiere segnet, wofür er zumindest anfangs ordentlich Schelte einstecken musste. Die unmittelbare Nähe zum Untersberg, der von jeher als besonders magischer Ort wahrgenommen wurde, hat auch die Tradition von Großgmain als Wallfahrtsort geprägt. Je nach Weltanschauung findet der Besucher seine eigenen Begriffe und Bilder für die Wahrnehmung dessen, was als „Kraftort" allgemein umfassend beschrieben ist. Neben der Kirche ist der 2001 angelegte Marienheilgarten ein weiterer Raum, um den spirituell aufgeladenen Kraftort auch entsprechend sinnlich wahrnehmen zu können. Er liegt neben der Kirche und thematisiert die kosmische Verbundenheit zwischen dem Göttlichen und der Schöpfung. Inmitten eines Kreises aus Blumen und Kräutern, die nach dem Horoskop des Einweihungsdatums am 15. August 2001 um 10.30 Uhr angeordnet sind, steht eine Statue der Sophia-Maria. Damit wurde in der Kunst und Theologie des Abendlandes ein Novum geschaffen. Sophia gilt nach der Heiligen Schrift als die Weltseele, die Mutter der gesamten Schöpfung, die in Maria Mensch geworden ist. Für die Konzeption des Gartens wurde auf Erkenntnisse aus den Wissensgebieten der Theologie, Mythologie, Geomantik, Numerologie und Astrologie zurückgegriffen. Im zweiten Blumenkreis steht spiegelbildlich zur Sophia-Maria ein Findling vom Untersberg inmitten des Blumenbeetes.

Wallfahrten nach Großgmain, auf den Untersberg, Heilungsmessen und Tiergottesdienste finden regelmäßig statt. Um die spirituelle Kraft und die Verbundenheit von Gott, Mensch und Schöpfung im Alltag zu verankern, ist die Marienbruderschaft unter ihrem Kaplan, Pfarrer Herbert J. Schmatzberger, tätig.

Wasser und die Launen der Natur

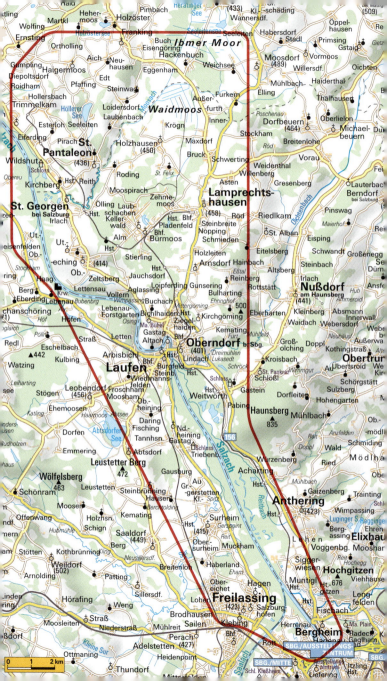

Wasser und die Launen der Natur

Der Salzach entlang

Die Salzach mit einer Gesamtlänge von 225 Kilometern ist einer der wenigen Flüsse, deren Quell- und Mündungsgebiete mit den politischen Grenzen des Landes identisch sind oder waren. Die Quelle der Salzach entspringt unterhalb des Salzachgeiers, an der viele Jahrhunderte alten Grenze zwischen Tirol und Salzburg. Die Mündung in den Inn liegt, nordöstlich von Burghausen in der Haiminger Au, auf deutschem Boden. Allerdings beträgt die Länge des Flusslaufes zwischen der Landesgrenze zu Oberösterreich und der Mündung in den Inn kaum mehr als 25 Kilometer. Die politischen Grenzen wurden in einem starken Maß von der Topografie des Landes vorgegeben. Die neue Grenzziehung im Norden des Landes nach der Auflösung des Fürsterzbistums spielt in diesem Zusammenhang eine untergeordnete Rolle. Wie sehr Fluss, Land und Hauptstadt topografisch, politisch und wirtschaftlich miteinander verbunden waren und sind, drückt sich im identischen Namensteil „Salz" in aller Deutlichkeit aus. Der Fluss hat den Transport des Salzes und dessen Verkauf ermöglicht und damit die wirtschaftliche Grundlage für ein über viele Jahrhunderte funktionierendes politisches „Experiment" geschaffen. Die Hinterlassenschaft des Fürsterzbistums nicht nur in städtebaulicher Hinsicht wiederum schuf die Grundlage, dass das Land an der Salzach zu einer der weltweit begehrtesten Ferienregionen geworden ist.

Flachgauer Boden betritt die Salzach an der Mündung der Königsseeache, die einen Abschnitt der natürlichen Grenze zwischen Flachgau und Tennengau bildet. Nach St. Georgen bei Salzburg verlässt sie ihn wieder. Dieser Abschnitt umfasst insgesamt 36 Kilometer, 13 davon entfallen auf das Gebiet der

Stadt Salzburg, die ohne das türkise Band ihres Flusses nicht vorstellbar ist. Wie sehr dieses Band sich aber in eine dunkle und bedrohliche Walze verwandeln kann, zeigte sich schon des Öfteren, etwa im Sommer 2002. Am Bett der Salzach muss fortwährend gearbeitet werden. Aktuell wird der Fluss unterhalb von Weitwörth schrittweise verbreitert und mit der Anhebung der mittleren Salzachsohle begonnen. Diese Maßnahmen sind erforderlich, um eine weitere Eintiefung der Salzach zu verhindern und haben den begrüßenswerten Nebeneffekt, dass dadurch neue Auwälder entstehen.

Die geschützte Auwald-Landschaft zwischen Anthering und St. Georgen umfasst ca. zehn Quadratkilometer und erstreckt sich auf der österreichischen Seite von der Gemeindegrenze Bergheim/Anthering bis zur Landesgrenze zwischen Salzburg und Oberösterreich. Der Siedlungsbereich der Stadt Oberndorf ist jedoch vom Schutzgebiet ausgenommen. Dass dieser Abschnitt der Salzach eine der letzten ungestauten Fließstrecken im Alpen- und Voralpenraum darstellt, liegt wohl auch darin begründet, dass die Salzach hier die natürliche Grenze zwischen Salzburg und Bayern bildet. Trotz der zurückliegenden Regulierungsmaßnahmen ist in dieser Aulandschaft eine Flora und Fauna mit zahlreichen geschützten und bedrohten Arten anzutreffen, wie selten sonst wo in Österreich. Das hat auch dazu geführt, dass die Salzachauen 1997 als SPA (Special Protected Area) nach der Vogelschutzrichtlinie und als Europaschutzgebiete NATURA 2000 ausgewiesen wurden. Weit über 150 Vogelarten sind hier ganzjährig oder vorübergehend zu Hause, viele davon stehen auf der nationalen wie internationalen roten Liste der vom Aussterben bedrohten Tiere.

Oberndorf war bis zur Auflösung des Fürsterzbistums ein „Vorort" von Laufen, aber ein gewichtiger, denn hier wurde das Salz aus Hallein und Berchtesgaden von den kleineren Zillen auf die großen Plätten umgeladen, mit denen die Ladung dann über Inn und Donau sicher bis ans Schwarze Meer gebracht wurde. Aus diesem Umschlagplatz entwickelte sich rasch ein

Handelsplatz, den es wie die gesamte Schifffahrt zu schützen galt. Fürsterzbischof Friedrich II. von Walchen gründete dafür bereits Ende des 13. Jahrhunderts die Schiffergarde, die heute noch existiert und mit dem „Schifferstechen", der „Piratenschlacht auf der Salzach" und der „Sonnwend auf der Salzach" an die einst große Tradition der Schöffleute erinnert. Seit 2001 darf sich die Stille-Nacht-Gemeinde, die Ende des 19. Jahrhunderts von mehreren Hochwasserkatastrophen heimgesucht wurde, Stadt nennen.

Bevor die Salzach bei St. Georgen den Flachgau verlässt, passiert sie noch die Gemeinden Lamprechtshausen und Bürmoos. Naturliebhaber zieht es wie von selbst in die Moorgegend von Waidmoos, nördlich von Bürmoos gelegen. Insgesamt handelt es sich dabei um eine ausgeprägte Moorlandschaft, die zusammen mit dem Ibmer Moor in Oberösterreich das größte Moorgebiet Österreichs ausmacht. Anders als Bürmoos, wo sich nach dem Zweiten Weltkrieg viele Flüchtlinge aus Osteuropa niedergelassen haben und das erst 1967 zu einer selbstständigen Gemeinde wurde, ist St. Georgen altes Siedlungsgebiet, das bis in die Bronzezeit zurückreicht. Damit ist Bürmoos, das bis zur Gemeindegründung zwischen Lamprechtshausen und St. Georgen aufgeteilt war, die jüngste Gemeinde des Landes Salzburg.

Der 1903 in Zell am See geborene Schriftsteller und Bienenkundler Georg Rendl hat von 1938 bis zu seinem Tod 1972 in St. Georgen gelebt und mit seinem Hauptwerk, der Roman-Trilogie „Die Glasbläser von Bürmoos" nicht nur Autobiografisches verarbeitet, sondern auch einen Roman mit industriegeschichtlichem Hintergrund geschaffen. 1873 wurde mit der manuellen Erzeugung von Tafelglas begonnen. Der Quarzsand kam vom Haunsberg, den Kalkstein lieferte die Salzach und als Heizmaterial fand der Torf aus dem umliegenden Moor Verwendung. Da die Umstellung auf eine maschinelle Produktion nicht zu realisieren war, wurde der Betrieb Ende 1929 eingestellt.

Mit dem Rad nach St. Georgen

Naturschutz geht vor Sport

- **Tourcharakter:** Zweitagestour – Radwanderung 🚲
- **Ausgangs- und Endpunkt:** Makartsteg in der Stadt Salzburg
- **Weglänge:** 70 km
- **Fahrdauer:** jeweils 6 h mit Besichtigungen
- **Besonderheit:** Landschaftsschutzgebiete

Für unseren Zweitagesausflug mit dem Rad fahren wir am ersten Tag auf dem Tauernradweg bis St. Georgen und am Tag darauf über Bürmoos und Lamprechtshausen nach Göming und wieder an der Salzach entlang in die Stadt Salzburg zurück. Wir starten beim Makartsteg auf der rechten Salzach-Seite und stellen uns auf eine Strecke von gut 20 Kilometern ein, die wir an der Salzach entlangfahren. Zwischen dem Ausgangspunkt und Oberndorf liegt nur ein geringer Höhenunterschied von 25 Höhenmetern, und die Strecke führt ab Siggerwiesen zur Gänze durch die Salzachauen, die zu den ornithologisch interessantesten Gegenden des Landes gehören. Wer auf Begegnungen mit seltenen Vögeln der Region wie dem Mittelspecht oder Neuntöter aus ist, sollte genügend Zeit und vor allem Geduld im Gepäck haben. Zurück auf dem Tauernradweg starten wir den nächsten Abschnitt, der uns bis St. Georgen führt und etwa zwölf Kilometer ausmacht. In der Irlacher Au, kurz vor St. Georgen, lassen wir ein weiteres Mal die fast meditative Aulandschaft auf uns wirken. Urkundlich wird St. Georgen ab Ende des 8. Jahrhunderts erwähnt. Funde weisen schon auf eine Besiedlung in der Bronzezeit hin. Neben der Dekanatskirche mit üppiger Rokoko-Ausstattung sind auch das Heimatmuseum im „Siglhaus", einem Holz-Bauernhaus, und das Haus des Dichters und Bienenzüchters Georg Rendl einen Besuch wert. Günstige Übernachtungsmöglichkeiten werden angeboten.

Tag 2

Die zweite Etappe führt uns über den Seenland-Radweg nach Bürmoos und weiter nach Lamprechtshausen. Salzburgs jüngste Gemeinde, Bürmoos, trägt ihren „Untergrund", sprich die Moorlandschaft schon im Namen. „Moor" und „Moos" bedeuten ein und dasselbe, und „Bür" leitet sich höchstwahrscheinlich von den Birken ab. Nachdem der Torfabbau eingestellt wurde, gründete sich Anfang der 1990er-Jahre ein Torferneuerungsverein, der sehr viel dazu beigetragen hat, dass die Moorlandschaft um Bürmoos weitgehend renaturiert werden konnte. Zwischen St. Georgen und Bürmoos liegen etwa vier Kilometer, weiter bis Lamprechtshausen sind es noch einmal knapp vier Kilometer. Vor der Kirche in Lamprechtshausen biegen wir nach rechts ab und radeln über Hausmoning und Holzleiten bis Arnsdorf und weiter nach Göming, wo wir wieder auf den Seenland-Radweg stoßen. Wir folgen ihm bis Oberndorf und biegen erst vor dem Hauptbahnhof links ab. Im Weiteren geht es laut den Hinweisschildern zum Tauernradweg, den wir nach wenigen Minuten erreichen. 20 Kilometer später sind wir wieder in der Stadt Salzburg zurück.

Vogelschutzparadies Waidmoos

Im Lebensraum von Rohrdommel & Co.

- **Tourcharakter:** Tagestour
- **Ausgangs- und Endpunkt:** Lokalbahn-Haltestelle St. Georgen bei Salzburg
- **Weglänge:** 13 km
- **Gehdauer:** bis zu 6 h mit Vogelbeobachtungen
- **Besonderheit:** Landschaftsschutzgebiet

Am Lokalbahnhof in St. Georgen wenden wir uns nördlich und gehen in Richtung Holzhausen. Die gesamte Wegstrecke vom Bahnhof bis zum Eingang ins Moos beträgt gut fünf Kilometer. Nach Beendigung des Torfabbaus im Jahre 2000 wurde in einer umfassenden Aktion durch ein aktives Biotop-Management die ehemalige Industrielandschaft in ein Vogelschutzgebiet verwandelt, in dem heute über 150 Vogelarten nisten, darunter Raritäten wie das Weißsternige Blaukehlchen, Rohrweihen, Bekassinen oder Tüpfelsumpfhühner. Auch für eine Reihe von Zugvögeln stellt das Waidmoos eine wichtige Raststation dar. Die Moorlandschaft nördlich von Salzburg, wurde durch eiszeitliche Gletscher geschaffen. Nach deren Verschwinden bildeten sich im Alpenvorland ausgedehnte Seen, auf deren Grund sich Seetonablagerungen anhäuften, die bis heute verhindern, dass das Regenwasser versickern kann. Nachdem der See im Lauf der Zeit verlandet war, bildeten sich über mehrere Jahrtausende hinweg Moore mit einer teils bis zu sechs Meter hohen Torfschicht.

Bis in das frühe 18. Jahrhundert waren Moore unzugängliche Landschaften. Es war Fürsterzbischof Johann Ernst Graf Thun, der im Jahre 1700 die Kultivierung der Moore anordnete. Mit der aufkommenden Industrialisierung und der damit einhergehenden Verknappung von Brennmaterial bekam der Torf eine völlig neue Bedeutung. Dass Bürmoos Standort einer Glasbläserei wurde, hängt mit dem enormen Torfvorkommen in der Umgebung zusammen. Neben dem Themenweg und einem zwölf Meter hohen Aussichtsturm wurden spezielle Vogelbeobachtungsstellen, sogenannte Hides, errichtet. Ein Fernglas sollte unbedingt im Gepäck sein.

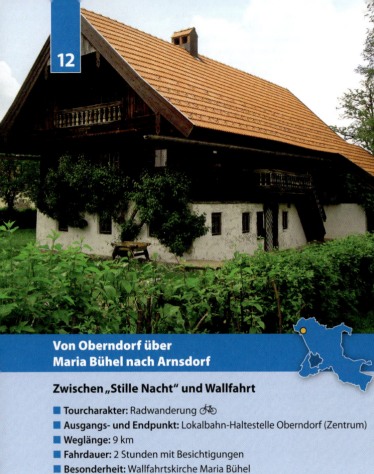

Von Oberndorf über Maria Bühel nach Arnsdorf

Zwischen „Stille Nacht" und Wallfahrt

- **Tourcharakter:** Radwanderung
- **Ausgangs- und Endpunkt:** Lokalbahn-Haltestelle Oberndorf (Zentrum)
- **Weglänge:** 9 km
- **Fahrdauer:** 2 Stunden mit Besichtigungen
- **Besonderheit:** Wallfahrtskirche Maria Bühel

Wir starten am Bahnhof der Salzburger Lokalbahn in Oberndorf und unser erstes Ziel ist die Stille-Nacht-Kapelle mit dem danebenstehenden Museum. Vor dem Bahnhof orientieren wir uns links und fahren in südlicher Richtung bis zur renovierten Jugendstil-Salzachbrücke, die die heutige Stadt Oberndorf mit Laufen verbindet. Bis 1816 war Oberndorf ein Vorort von Laufen. Wir überqueren nicht die Salzach, sondern bleiben auf dem rechten Ufer und radeln flussaufwärts bis zur Mitte des Salzachknies. Wo heute die mittlerweile weltberühmte Kapelle steht, stand früher die St. Nikolauskirche, in der das Weihnachtslied 1818 uraufgeführt wurde.

Wieder auf dem Tauernradweg zurück, kommen wir nach ein paar hundert Metern zu einer Kapelle, bei der wir rechts abbiegen, um zur Wallfahrtskirche Maria Bühel zu kommen. Die zwischen 1670 und 1673 erbaute Wallfahrtskirche Maria Bühel ist schon allein wegen der Aussicht einen Abstecher wert. Bei schönem Wetter geht der Blick bis zu den nördlichen Kalkalpen. Außen fallen die markanten Zwiebeltürme ins Auge, im Inneren ist es die üppige Rokoko-Ausstattung mit einem Altarbild von Michael Rottmayr. Nach Besichtigung der Kirche fahren wir nicht mehr auf den Radweg zurück, sondern halten uns nördlich und fahren bis Buchach. Wir bleiben weiter auf dem Arnoweg, wenden uns zuerst in südöstlicher Richtung und nach ein paar hundert Metern wieder in nördlicher. Wir kommen an Loipferding vorbei, queren die Lokalbahn und etwas später die Bundesstraße. Unser nächstes Ziel ist Arnsdorf und das Franz-Xaver-Gruber-Museum. Von dort geht es über Gunsering weiter nach Göming, wo wir wieder auf den Seenland-Radweg stoßen, auf dem wir bleiben, bis wir den Bahnhof in Oberndorf erreicht haben.

Museum
im Stille-Nacht-Bezirk
in Oberndorf

Zum Luginger und Ragginger See

Idylle über Anthering

- **Tourcharakter:** Halbtagestour
- **Ausgangs- und Endpunkt:** Lokalbahn-Haltestelle Anthering
- **Weglänge:** 11,5 km
- **Gehdauer:** 3 h
- **Höhenunterschied:** 200 hm
- **Besonderheit:** Naturschutzgebiet mit Moorseen

Wir starten in der Stadt Salzburg und fahren mit der Lokalbahn bis zur Station Anthering. Der heute knapp 3500 Einwohner zählende Ort am Rande des Hügellandes zwischen Haunsberg und Hochgitzen gilt als eine Siedlungsgründung der Bajuwaren. An sich war die Gegend schon von den Römern besiedelt, wie einzelne Funde belegen. Einer dieser Funde, ein eingemauerter Altarstein, ist in der Krypta der Pfarrkirche, die unter dem Chor liegt, zu besichtigen.

Südlich vor der Kirche steht das Gemeindeamt und von hier aus nehmen wir den Weg, der auch als Mozartradweg ausgeschrieben ist, den Berg hinauf. Wir passieren Wimpassing und Trainting, kommen anschließend nach Kerbeslehen und Hutzing und sind mittlerweile auf knapp 600 Metern Seehöhe im Naturschutzgebiet angelangt. In Hutzing biegen wir nach der Kapelle rechts ab und gehen weiter zum Hof Winkel, wo wir auf den Arnoweg stoßen. Diesem folgen wir in südlicher Richtung bis Hained. Wir bleiben weiter auf dem Arnoweg und freuen uns über die gute Aussicht bis zu den Berchtesgadener Alpen. Von Perling sind es nach der letzten Abzweigung in Richtung Ursprung nur mehr ein paar hundert Meter, bis wir den Ragginger See vor uns liegen sehen. Der kleine See liegt in der ruhigen Landschaft, als ob er extra dafür gemalt worden wäre. Es lohnt sich, lässt man die Ruhe, die der See ausstrahlt, etwas auf sich wirken. Innerlich wie äußerlich erholt, gehen wir am Ostufer des Sees entlang bis Egg, wo wir dann scharf rechts abbiegen und über Winding auf den Luginger See zugehen, der durchaus als der kleinere Bruder des Ragginger Sees angesehen werden kann. Beides sind Moorseen, die von breiten Verlandungszonen aus Schilf und Wasserpflanzen umschlossen sind, worin auch die besondere Stimmung begründet sein mag, die von den Seen ausgeht.

Wir verlassen die Idylle in nordwestlicher Richtung, halten uns an der nächsten Kreuzung rechts, gehen durch Luging und marschieren dann weiter bis Wimpassing, wo wir wieder auf den Anstiegsweg kommen.

14

Den Hochgitzen umrunden

Bergheim einmal ganz anders erlebt

- **Tourcharakter:** Nachmittagsausflug
- **Ausgangspunkt:** Lokalbahn-Station Muntigl
- **Endpunkt:** Autobus-Linie 21, Haltestelle Lengfelden
- **Weglänge:** 8 km
- **Gehdauer:** 2 Stunden
- **Höhenunterschied:** 150 hm
- **Besonderheit:** Volkssternwarte Voggenberg

Das Gemeindegebiet von Bergheim zählt mit 15 Quadratkilometern flächenmäßig zu den kleineren Gemeinden des Flachgaus. Mit ihren elf Ortsteilen: Bergheim, Fischach, Gaglham, Hagenau, Kemating, Lengfelden, Maria Plain, Muntigl und Radeck-Kasern schmiegt sie sich an den nordöstlichen Stadtrand von Salzburg. Ältester Bergheimer Boden ist sicherlich Muntigl. Auf dem nahe der Salzach gelegenen Muntigler Hügel gab es prähistorische Funde, die darauf hinweisen, dass dieser Raum schon in der Steinzeit besiedelt war. Muntigl ist auch der Ausgangspunkt unserer Wanderung rund um den 676 Meter hohen Hochgitzen, die uns von Muntigl über Voggenberg, Reit und Hainach nach Lengfelden führt. Die unmittelbare Nachbarschaft zur Stadt Salzburg hat Bergheim neben ausgedehnten Gewerbegebieten auch den Schlachthof und die Müllentsorgung in Siggerwiesen gebracht.

Dass der Ort mehr zu bieten hat als die ungeliebten aber notwendigen Einrichtungen, die zur Infrastruktur städtischer Ballungsräume gehören, erleben wir schon auf den ersten hundert Metern unserer Wanderung, die an der Haltestelle Muntigl der Salzburger Lokalbahn beginnt. Den Muntigler Hügel zur Linken gehen wir auf dem Überfuhrweg in östlicher Richtung auf die Ortschaft Muntigl zu, die aus gezählten sieben Bauernhöfen besteht und eine Ruhe ausstrahlt, als hätte sie mit dem geschäftigen Leben drum herum nichts gemein. Wir halten uns links und gehen bis zur B 156, der Lamprechtshausener Bundesstraße, die wir überqueren, um danach auf dem Rauchleitenweg durch einen lichten Wald leicht bergan zu wandern. An der Gabelung von Kerathweg und Voggenbergstraße nützen wir den kleinen Verbindungsweg und bleiben danach auf der Voggenbergstraße, bis wir nach einer knappen halben Stunde den Ortsteil Voggenberg erreichen.

Auf den letzten paar hundert Metern sind wir damit auch auf dem Arnoweg unterwegs. Diesen verlassen wir aber in Voggenberg wieder, wo wir rechts in die Windingstraße einbiegen, die südlich der 615 Meter hohen Sandkuchl vorbeiführt. Wir bleiben auf der Windingstraße, bis wir zum Landgasthof Windinggut kommen, wo wir links abbiegen und bis zur Sternwarte weitergehen. Die aus einem kleinen Holzbau bestehende Sternwarte gehört zum Salzburger Haus der Natur und wurde just an der Stelle gebaut, wo bereits die Kelten einen Kultplatz errichtet hatten – so heißt es zumindest. Jeweils am Donnerstag ab Einbruch der Dunkelheit haben Hobbyastronomen bei der Salzburger Volkssternwarte die Möglichkeit, gratis Sichtkontakt mit dem Universum aufzunehmen. Wieder auf der

Windingstraße gehen wir ein paar Meter zurück und biegen bei der nächsten Möglichkeit links ab. Damit befinden wir uns wieder auf einem Abschnitt des Arnowegs, auf dem wir über Reit und Hainach bis nach Viehhausen kommen. Nach Überquerung der Mattseer Landesstraße nehmen wir den Weg durch das Gelände des Missionshauses Maria Sorg, wo die Missionsschwestern vom heiligen Petrus Claver ihren Sitz haben. 1894 von Maria Theresia Ledóchowska gegründet, wird von hier aus die Missionsarbeit hauptsächlich in Ländern Afrikas, Lateinamerikas und Ozeaniens geleitet. In einem kleinen Museum wird gezeigt, wo und wie sich das Missionshaus in der Welt engagiert. Ethnologisch interessant sind Artefakte und Kunsthandwerkliches aus Zentralafrika, Lateinamerika, Indien und Ozeanien. Zum Abschluss unserer Wanderung stehen wir auf der Brücke über die Fischach und werfen einen aufmerksamen Blick auf das steinerne Geländer, das das Wappen von Fürsterzbischof Paris Lodron ziert. Er ließ die Brücke 1635 von keinem Geringeren als dem Dombaumeister Santino Solari errichten. Die Fischachbrücke in Lengfelden – sie wurde 1963 erneuert – ist die einzige Brücke auf dem Weg von der Stadt Salzburg ins Seenland.

Stille Nacht, Heilige Nacht

Weihnachten 1818. Zwei Jahre nachdem Salzburg österreichisch geworden und dabei war, als Verwaltungseinheit von Oberösterreich in der Bedeutungslosigkeit zu versinken, wurde der spätere Weihnachts-Hit in der Oberndorfer Kirche St. Nikolaus uraufgeführt. Joseph Franz Mohr (1792–1848) gilt als Urheber des Textes, der aus sechs Strophen besteht und geringfügige Abweichungen zum heute gebräuchlichen Text, von dem meist die ersten beiden sowie die sechste Strophe gesungen werden, aufweist.  Bevor Mohr 1817 nach Oberndorf kam, war er als Koadjutor in Mariapfarr im Lungau tätig, wo der Text höchstwahrscheinlich auch entstanden ist. Der Arnsdorfer Dorfschullehrer und Organist Franz Xaver Gruber (1787–1863) gilt als Komponist der Melodie, die sich wie kaum eine andere in die Herzen und Köpfe von Millionen Menschen gepflanzt hat. Uraufgeführt wurde das Lied mit Gitarrenbegleitung.

Um alle großen Dinge ranken sich zahllose Legenden. Das ist beim Oberndorfer Ohrwurm, der 1833 in Dresden als „ächtes Tyroler Lied" erstmals, und zwar auf einem Flugblatt, gedruckt erschien, nicht anders gewesen. Binnen weniger Jahre war das

Der weihnachtliche Welthit aus Oberndorf

Lied „Stille Nacht, Heilige Nacht" zu einem Volkslied geworden, während die Urheber weiterhin unauffällig dem Schul- und Kirchendienst nachgingen. Erst eine Anfrage der Hofkapelle des preußischen Königs Friedrich Wilhelm IV. beim Salzburger Stift St. Peter brachte Licht ins Dunkel. Für den König, der das Lied besonders ins Herz geschlossen hatte, wurde um eine Abschrift angesucht. An das Stift St. Peter wandte man sich deshalb, weil die Melodie fälschlicherweise Michael Haydn, der im Klosterbezirk wohnte, zugeschrieben wurde. Dass man dabei auf den wahren Urheber stieß, war wahrscheinlich purer Zufall. Da Gruber 1863 als angesehener und vermögender Mann in Hallein verstarb, kann davon ausgegangen werden, dass er in den letzten Lebensjahren vielleicht doch noch in den Genuss von Tantiemen aus seiner Komposition gekommen war.

In den USA, wo „Silent Night" als amerikanisches Volkslied galt, wurde die wahre Geschichte um den weihnachtlichen Gassenhauer erst während des Zweiten Weltkriegs aufgedeckt. Es war die österreichische Schriftstellerin und Kinderbuchautorin Hertha Pauli, eine Schwester des Physik-Nobelpreisträgers Wolfgang Pauli, die 1943 das Kinderbuch „Silent Night. The Story of a Song" schrieb und vor allem die US-amerikanischen Kinder mit der wahren Geschichte vertraut machte. Bereits 1839 war das Lied erstmals in den USA, und zwar in New York, zu hören, vorgetragen während einer Tournee der Tiroler Sänger-Familie Rainer. Heute wird das Lied weltweit von über zwei Milliarden Menschen gesungen.

Dort, wo in der durch ein Hochwasser zerstörten St. Nikolaus-Kirche 1818 das Lied zum ersten Mal zu hören war, steht heute die zwischen 1925 und 1937 erbaute Stille-Nacht-Kapelle und daneben das Museum, das die Geschichte des Liedes umfassend dokumentiert. Jedes Jahr am 24. Dezember um 17 Uhr wird in der Kapelle eine Gedenkfeier abgehalten.

Muscheln im Wald

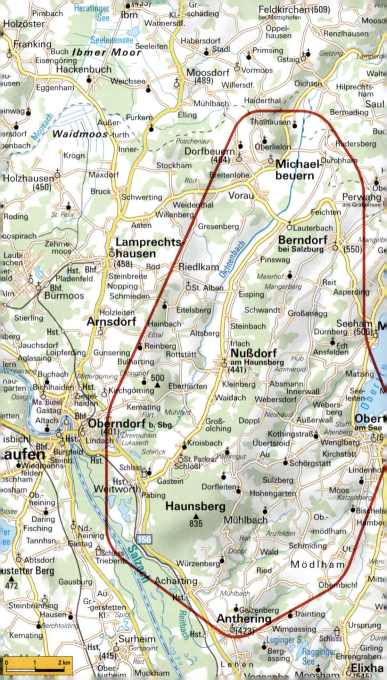

Muscheln im Wald

Der Haunsberg von unten nach oben

Mit dem Buchberg in Mattsee und dem Tannberg in Schleedorf (Köstendorf) bildet der Haunsberg, das „Gebirge" des nördlichen Flachgaus. Der Haunsberg ist mit 835 Metern der höchste der drei Gipfel – den Buchberg überragt er um 34 und den Tannberg um 49 Meter.

Drehen wir die Zeit um 10.000 Jahre zurück und stellen wir uns den riesigen Salzachgletscher vor, dann sehen wir die Kuppen über das Eis hinausragen. Ein Zweig des Gletschers hat das Oichtental in seine heutige Form gepresst. Es erstreckt sich nördlich des Haunsbergs von Schlößl – einem Ortsteil von Nußdorf – bis Lauterbach, südlich von Michaelbeuern. Drehen wir das Rad noch weiter zurück, um die unvorstellbare Zeitstrecke von 50 bis 60 Millionen Jahren, dann sind wir beim Aufbau der Erde angelangt und stellen staunend fest, dass diese Berge von einer dicken Schicht aus Fossilienablagerungen bedeckt sind. Kurzum, der Haunsberg trennt die Salzach vom Dreiseenland und war lange Zeit ein begehrtes Revier für Fossilienjäger. Er erstreckt sich von Anthering bis fast nach Seeham und ist heute ein beliebter Ausflugsberg für Läufer und Radfahrer. Das historische Wahrzeichen, die weitum bekannte Kaiserbuche, eine Rotbuche, wurde in Erinnerung an den Besuch Kaiser Josephs II. gepflanzt. Der Besuch des Kaisers am 28. Oktober 1779 galt dem Innviertel, das nach dem Frieden von Teschen, der den Bayerischen Erbfolgekrieg beendete, dem Herzogtum Österreich ob der Enns zugefallen war. Nachdem der bereits kranke und morsche Baum 2004 durch einen Sturm zu Fall gebracht worden war, wurde ein Ersatzbaum gepflanzt, der jedoch nach wenigen Jahren mutwillig zerstört wurde. Der erneut gepflanzte Baum ist nun von einem hohen Zaun umgeben, um ihn vor solcher Zerstörungswut zu schützen. Wann die Buche, von der Bevölkerung schlicht „Kaiserbam" genannt, tatsächlich gepflanzt wurde, lässt sich nicht mit Sicherheit sagen. Fest steht nur, dass der Baum, als er 2004 entwurzelt wurde, ein Alter von mindestens 180 Jahren gehabt hat. Die nebenan stehende Kapelle ist eine von vielen, die 1898 anlässlich des 50-jährigen Regierungsjubiläums von Kaiser Franz Joseph I. errichtet wurde. Zwischen der Buche und der Kapelle wurde mit der Steinpyramide ein weiteres „Kaiserdenkmal" gebaut. Sie wurde auf Anregung des aus Mattsee gebürtigen Stabsarztes Heinrich Wallmann und mit finanzieller Unterstützung des Obertrumer Bierbrauers Josef Sigl 1865 errichtet und mit einer aus Kupferblech angefertigten Nachbildung der Kaiserkrone verziert. Während man den Kaiserplatz mit Buche, Kapelle und Steinpyramide erst wahrnahm, wenn man davor stand, ist der Haunsberg heute schon von Weitem auszumachen. Das liegt am 40 Meter hohen Radarturm, der vor zehn Jahren aufgestellt wurde, um den Luftraum über dem Salzburger Becken zu kontrollieren.

Wie das Dreiseenland war auch die fruchtbare Gegend nordwestlich des Haunsbergs schon früh besiedelt. Funde lassen auf erste Ansiedlungen um die Mitte des 3. Jahrtausends v. Chr. schließen. Auf dem Wachtberg südwestlich von Nußdorf darf eine Höhensiedlung in der Jungsteinzeit (4000–1900 v. Chr.) vermutet werden, Ansiedlungen in der Bronzezeit (1900–900 v. Chr.) gab es nicht nur auf dem Haunsberg, sondern auch in Lauterbach sowie bei Pinswang, Irlach und Pabing. Es gilt als gesichert, dass das Oichtental spätestens seit der älteren Eisenzeit – sie deckt sich in etwa mit der Hallstattzeit – durchgehend besiedelt ist. Zwar wurden die im Innergebirg gewonnenen Erze hauptsächlich über Saalach und Salzach abtransportiert, trotzdem gilt das Oichtental als viel genutzte Handelsroute in Richtung Osten. Die fruchtbaren und weitläufigen Böden wirkten sich günstig auf die Besiedelung aus.

Das 798 n. Chr. erstmals erwähnte Nußdorf schmiegt sich idyllisch an den Nordabhang des Haunsbergs und ist idealer Ausgangspunkt für Wandertouren, ob nun zu Fuß oder mit dem Rad. Neun Kilometer in nordöstlicher Richtung liegt die Benediktiner-Abtei Michaelbeuern, deren Ursprünge ins frühe 8. Jahrhundert n. Chr. reichen und die auch heute noch eine große kulturelle Strahlkraft besitzt. Das sieben Kilometer südöstlich von Michaelbeuern gelegene Berndorf war auch Wirkungsstätte des Stille-Nacht-Komponisten Franz Xaver Gruber. Der ehemalige Pfarrhof wurde um- und ausgebaut und steht heute als Prälat-Sebastian-Ritter-Haus der Katholischen Jungschar zur Verfügung.

Zwischen der Abtei Michaelbeuern und Lauterbach, das zum Gemeindegebiet von Nußdorf zählt, liegt das Oichtenried, ein über 100 Hektar großes Naturschutzgebiet, in dem einige seltene Vögel wie der Pirol, der Kiebitz und der Schlagschwirl anzutreffen sind. Wenn der aufmerksame Wanderer die äußerst seltenen Sumpfpflanzen Wollgras und Sonnentau sieht, dann darf er seinen Augen durchaus trauen. Das Oichtenried mit seiner ausgefallenen Fauna und Flora ist eine Spätfolge des großen Salzburgsees, der sich in der letzten Eiszeit zwischen Golling und Tittmoning ausbreitete. Nachdem das Wasser des Sees abgelaufen war, wurden die mächtigen Tonablagerungen des Seebodens zur Landoberfläche, die sich wiederum zu einem Sumpfgebiet entwickelte.

15

Nußdorf am Haunsberg

St. Pankraz, Kroisbachgraben (Tag 1)

- **Tourcharakter:** Zweitagesausflug – Radwanderung 🚴
- **Ausgangspunkt:** Kirche, Nußdorf am Haunsberg
- **Endpunkt:** Schlößl, Nußdorf am Haunsberg
- **Weglänge:** 9,5 km
- **Gehdauer:** 2,5 h mit Besichtigungen
- **Höhenunterschied:** 100 hm
- **Besonderheit:** Möglicher Fossilienfund beim Wasserfall

Man sieht es dem Haunsberg nicht an, dass er bereits 50 Millionen Jahre auf dem Buckel hat. Das ist eine Zeitspanne, die unser Vorstellungsvermögen ziemlich strapaziert. Deshalb machen wir uns als erstes auf den Weg zum geologischen Lehrpfad, der uns über jene Zeit informiert, als der Rücken des Haunsbergs Meeresgrund war. Während des Eozän, das vor rund 60 Millionen Jahren begann und sich über den Zeitraum von unvorstellbaren 16 bis 21 Millionen Jahren erstreckte, lag der Haunsberg unter einem flachen tropischen Schelfmeer, das sich an den südlichen Rändern des damals entstandenen europäischen Kontinents bildete.

Wir starten vor der Kirche in Nußdorf und halten uns auf der Landesstraße links bis zum Gebäude der Raiffeisenkasse, nach dem wir rechts abbiegen. Ein kurzes Stück gehen wir auf dem Seenland-Radweg beziehungsweise der Bajuwarentour, der gleichzeitig auch als Arnoweg ausgezeichnet ist. An der nächstmöglichen Abzweigung halten wir uns links und wandern in Richtung der kleinen Siedlung Eberharten, vor der aus wir die Oichten überqueren. Danach halten wir uns wieder links und gehen ein Stück an der Oichten entlang in Richtung Großolching. Nachdem wir die Landesstraße erreicht haben, marschieren wir in westlicher Richtung an Kleinolching und Kroisbach vorbei bis zum Ortsteil Schlößl. Dort folgen wir dem Hinweisschild St. Pankraz. Die gelbfarbene Barockkirche ist schon von Weitem auszumachen und wurde 1706 im Auftrag von Fürsterzbischof Johann Ernst Graf Thun an der Stelle errichtet, wo früher die Burg der Haunsperger stand. Wir gehen von der Kirche weiter in Richtung Lehrpfad und informieren uns an den aufgestellten Schautafeln über die Erdgeschichte des Haunsbergs. Noch interessanter ist jedoch die Suche nach Fossilien und Versteinerungen wie Muscheln und Schnecken oder auch dem einen oder anderen Haifischzahn. Im ehemaligen Steinbruch im Kroisbachgraben kann die Zusammensetzung der einzelnen Gesteinsschichten in Augenschein genommen werden. Da der Kroisbach zum Naturdenkmal erklärt wurde, darf hier nicht nach Fossilien gesucht werden.

Im Steinbruch, dem sogenannten Schlößlbruch, wurde Quarzsand gewonnen, das Ausgangsmaterial auch für die gelbe Farbe der Kirche St. Pankraz. Dieser Sand wurde zu früheren Zeiten von den Bäuerinnen auf den Märkten in der Stadt Salzburg verkauft.

Beim Wasserfall in der Frauengrube, wo früher Erz abgebaut wurde, macht es besonders Kindern großen Spaß, nach Millionen Jahren alten Versteinerungen zu suchen, weil sie hier mit etwas Glück schnell fündig werden. Wir gehen den Geologie-Lehrpfad zurück, werfen einen Blick in die Kirche St. Pankraz, die just dort errichtet wurde, wo früher die Burg der Haunsperger stand.

Nußdorf am Haunsberg

Durch das Oichtental nach Michaelbeuern (Tag 2)

- **Tourcharakter:** Zweitagesausflug – Radwanderung 🚴
- **Ausgangs- und Endpunkt:** Kirche in Nußdorf am Haunsberg
- **Weglänge:** 18 km
- **Fahrdauer:** 3 h mit Besichtigungen
- **Höhenunterschied:** 50 hm
- **Besonderheit:** Abtei Michaelbeuern

Von der Kirche in Nußdorf fahren wir zuerst in nördlicher Richtung auf der ausgeschilderten Bajuwarentour über Irlach und Steinbach bis Eisping, wo wir nach links abbiegen, die Landesstraße überqueren und bis zur Oichten fahren. Sie entspringt an der Landesgrenze zu Oberösterreich und mündet bei Oberndorf in die Salzach. Nachdem der Bach mit etwas

Gefälle die Endmoränenwälle überwunden hat, zieht er sich ab Lauterbach ruhig durch Sumpfwiesen und Moore. Die Anfang des 20. Jahrhunderts regulierte Oichten wurde hundert Jahre später wieder renaturiert und von der Quelle bis Lauterbach unter Naturschutz gestellt. Wir machen uns wieder auf den Weg und biegen auf der Nußdorfer Straße nach der Brücke bei der dritten Kreuzung nach Zettlau rechts ab. Damit befinden wir uns auf dem Arnoweg, dem wir bis Reitsberg folgen. Hier werfen wir einen Blick in die Kapelle, um dann nach Schlipfing weiterzuradeln, bis wir das Hinweisschild „Lehr- und Erlebnisweg" erreichen. Auf dem etwa einen Kilometer langen Weg werden wir auf Schautafeln über die Oichten im Allgemeinen und im Besonderen über das Brutverhalten von Vögeln informiert. Die Sumpfwiesen und Moore im Oichtental zählen zu den wenigen Nistplätzen des in Österreich vom Aussterben bedrohten Brachvogels, der durch seinen bis zu 20 cm langen Schnabel auffällt. Wir radeln weiter, bis wir in Vorau auf die Landesstraße stoßen, um danach rechts in den Seenland-Radweg einzubiegen. Kurz vor der Kirche in Dorfbeuern biegen wir scharf nach rechts ab und radeln, bis wir vor der Abtei Michaelbeuern stehen.

Nach dem Besuch der Benediktinerabtei verlassen wir Michaelbeuern in östlicher Richtung und orientieren uns an der Ausschilderung der Rad- und Wanderwege. Wir durchqueren das Naturschutzgebiet Oichtenriede und halten nach einem der seltenen Brachvögel Ausschau. Nachdem wir etwas aufwärts geradelt und in westlicher Richtung unterwegs sind, orientieren wir uns ab der nächsten Weggabelung an der Ausschilderung der Bajuwarentour. In Lauterbach halten wir selbstverständlich an, um von oben einen Blick auf die Klosteranlage von Michaelbeuern zu werfen und darüber zu spekulieren, welche Rolle dieser Platz auch schon in vor- beziehungsweise frühchristlicher Zeit gespielt hat. Nach Lauterbach geht es bergab und anschließend über Kleinschachern, Pinswag, Eisping, Steinbach und Irlach nach Nußdorf zurück.

17

Mit dem Rad auf den Kamm des Haunsbergs

Nach der Mühe kommt die Fernsicht

- **Tourcharakter:** Halbtagestour – Radwanderung 🚲
- **Ausgangs-und Endpunkt:** Kirche in Nußdorf am Haunsberg
- **Weglänge:** 12 km
- **Fahrtdauer:** 4 h mit Pausen
- **Höhenunterschied:** 330 hm
- **Besonderheit:** Eine gute Kondition ist Voraussetzung

Die Versuchung ist groß, die Herausforderung auch. Wir starten neben der Kirche in Nußdorf und nehmen nicht den Seenland-Radweg, sondern folgen den Hinweisschildern zum Gasthof Kletzlberg. Schon die ersten Tritte in die Pedale lassen es deutlich spüren: Hier geht es ordentlich zur Sache. Die durchschnittliche Steigung beträgt immerhin 20 Prozent. Die alternative Route über Kleinberg wäre zugegeben etwas weniger fordernd, aber wir stellen uns der Herausforderung. Bis wir in den Wald eintauchen geht es an Häusern und Wiesen vorbei. Wer nicht völlig dem sportlichen Ehrgeiz verfallen ist und deshalb das erste Ziel auf dem Haunsberg ohne Zwischenstopp erreichen will, sollte sich den einen oder anderen Blick auf die Landschaft des Oichtentals und in Richtung zur Abtei Michaelbeuern gönnen. Danach geht es weiter durch den Wald bis auf den Kamm des Haunsbergs, wo wir auf den Wanderweg Via Nova stoßen. Wir halten uns links und treffen nach wenigen hundert Metern bei Holzhäusl auf einen ausgeschilderten Radweg. Auf diesem bleiben wir, fahren durch Geiersberg und biegen nach 600 Metern in Richtung Kalchgrub-Gut ab. An der 1912 gepflanzten und 1992 zum Naturdenkmal erklärten Linde genießen wir den Blick nach Norden ins Innviertel und nach Süden zur Osterhorngruppe. Über Mangerberg kommen wir weiter nach Maierhof und stoßen dort wieder auf die Via Nova. Nach einem knappen halben Kilometer weist ein Schild zur Pestsäule, die 1905 zur Erinnerung an die über 40 Pestopfer aus dem Jahr 1714 aufgestellt wurde. Wir bleiben auf dem Radweg, bis wir in Oberkarellen ins Dorfzentrum von Berndorf abbiegen um eine Jausenrast zu machen. Zurück geht es über einen Abschnitt der Bajuwarentour bis Reit, wo wir uns dann rechts halten und über Großenegg und Holzhäusl wieder zur Via Nova kommen. Nach ein paar hundert Metern in westlicher Richtung kommen wir an die Abzweigung zum Gasthof Kletzlberg und freuen uns auf das 20-prozentige Gefälle des Weges hinunter nach Nußdorf.

Haunsberg-Panoramaweg

Staunen und spielen für die ganze Familie

- **Tourcharakter:** Halbtagestour
- **Ausgangs- und Endpunkt:** Kaiserbuche auf dem Haunsberg
- **Weglänge:** 3,5 km
- **Gehdauer:** 3 h
- **Höhenunterschied:** 70 hm
- **Besonderheit:** Aussichtspunkte mit Panoramabeschreibungen und Erlebnisstationen für Kinder

Die Kaiserbuche auf dem Haunsberg war von Anfang an eine Attraktion. Dafür ist nicht nur Kaiser Joseph II. verantwortlich, der sich von dieser Stelle aus einen Überblick über das Innviertel verschaffte und dem Haunsberg dadurch einen „Kaiserplatz" mit Baum, Kapelle und Steinpyramide bescherte, auf dem 1949 auch noch ein Heimkehrer-Kreuz aufgestellt wurde. An sich ist der Haunsberg selbst schon eine Attraktion als Aussichtsberg. Der im Sommer 2010 eröffnete Panoramaweg bietet einige der schönsten Ausblicke im Norden nach Bayern und im Süden in den Flachgau und in die Stadt Salzburg.

Unsere Wanderung beginnt auf dem Parkplatz bei der Kaiserbuche. Ehe wir uns in westlicher Richtung auf den Weg machen, um an der Rückseite des Gasthofes „Zur Kaiserbuche" in Richtung Radarturm zu gehen, werfen wir einen Blick auf das Ensemble von Baumstumpf der alten Kaiserbuche, neu gesetztem Baum, Kapelle und Kreuz. Wie selbstverständlich schweift der Blick dabei auch über das Panorama des Seenlandes, das im Osten vom Kobernaußerwald begrenzt wird und im Westen bis zum Dachstein-Massiv reicht. Auf dem Weg zum Radarturm sind wir nebenbei bemerkt auch auf einem Abschnitt des Pilgerwegs Via Nova unterwegs. Hinter der Kaiserbuche steigt der Weg leicht an und 500 Meter später stehen wir an einer Gabelung, an der wir uns rechts halten. Hier zeigt uns der sogenannte Wurzelthron den Beginn des eigentlichen Panoramaweges an. Auf dem insgesamt 3,5 Kilometer langen Weg mit zehn Thementafeln und fünf Erlebnisstationen für Kinder eröffnen sich uns nicht nur unerwartete und erstaunliche Blickachsen, wir erfahren auch einige historische Details, die unser Interesse nachhaltig beflügeln. So informiert uns eine Tafel über die Europäische Gradmessung, die in der zweiten Hälfte des 19. Jahrhunderts initiiert und durchgeführt wurde, um genauere Kenntnisse über die Krümmung der Erdoberfläche zu erlangen. Dazu wurde auch der Kamm des Haunsbergs vermessen, woran eine Gedenksäule nahe dem Gipfelpunkt erinnert. Kurz nach der Informationstafel führt linkerhand ein Stichweg zu dieser Säule. Ein paar hundert Meter weiter

– wir befinden uns schon auf der dem Salzburger Becken zugeneigten Seite – führt uns ein kurzer Abstecher zur „Gabrielen-Aussicht" mit einem nahezu umwerfenden Blick über das nördliche Salzburger Becken bis in die Mozartstadt. Es war Fürstin Gabriele von Auersperg-Trautson, die hier 1873 an einem ihrer Lieblingsplätze eine Steinpyramide errichten ließ. Die Familie Auersperg erwarb im Jahre 1863 Schloss Weitwörth bei Anthering, das 1671 von Fürsterzbischof Max Gandolph Graf von Kuenburg als Jagdschloss errichtet worden war, und hält es nach wie vor in Besitz.

Kinder, so sie den Weg erst einmal kennengelernt haben, werden ihre Eltern immer wieder beknien, mit ihnen auf dem Erlebnisweg zu wandern und ihnen damit die Möglichkeit zu schaffen, an den einzelnen Erlebnisstationen kindlichen Entdeckergeist und unbändigen Spieltrieb in die Tat umzusetzen. An einer großen mit Kies gefüllten Kiste, die beim Radarturm steht, können Kinder erleben, wie die Gebirgsentfaltung funktioniert. Etwas weiter steht ein Hochstand, der nur für Kinder gedacht ist, Holztiere zeigen die Bewohner des Waldes und eine Rutsche garantiert Gaudi. Besonders für Kinder birgt dieser Ausflug ein Fülle an Abwechslung – alles soll aber hier gar nicht verraten werden …

Kulturspaziergang durch Obertrum am See

Vom Einlegerhaus zur Einsiedelei

- **Tourcharakter:** Halbtagestour
- **Ausgangs- und Endpunkt:** Dorfplatz in Obertrum
- **Weglänge:** ca. 4,5 km
- **Gehdauer:** 3 h mit Besichtigungen
- **Besonderheit:** Kapelle Zum guten Hirten

Von der Stadt Salzburg kommend, findet die erste Begegnung mit dem Dreiseenland in Obertrum am See statt. Der Name des Ortes, der sich seit dem Jahr 2000 „Markt" nennen darf, leitet sich von dem Begriff „Truma" oder „Druma" ab, der das Ende eines Sees bezeichnete. Das heutige Obertrum liegt am oberen südwestlichen Ende, das untere, Niedertrum, am nordöstlichen Ende des Mattsees in seiner früheren umfassenden Gestalt. Die Trumer Seen waren ursprünglich nur ein See mit dem Namen „Mattsee". So war die ursprüngliche Namensgebung durchaus logisch. Nachdem sich durch die veränderten landschaftlichen Gegebenheiten zumindest auf den ersten

Blick drei Seen gebildet hatten, folgte zwangsläufig eine Neubestimmung der Namen. Man sprach neben dem Grabensee vom Ober-, vom Nieder- oder Untersee. Für die Berufsfischer sind diese Namen auch heute noch verbindlich. Aus dem Obersee wurde im Lauf der Zeit der Obertrumer See, während sich die Bezeichnung Niedertrumersee für den niederen See, sprich den heutigen Mattsee, nicht durchgesetzt hat.

Ausgangspunkt unserer Wanderung ist der Dorfplatz, der, wie könnte es in Obertrum anders sein, von einem Braugasthof dominiert wird. Hier befand sich auch die Keimzelle der heutigen Trumer Privatbrauerei. Man schrieb das Jahr 1601, als Fürsterzbischof Wolf Dietrich die Braugerechtsamkeit in Obertrum bewilligte, was vereinfacht ausgedrückt die Lizenz zum Bierbrauen bedeutete. 1775 trat Josef Sigl I., niederbayerischer Hopfenhändler, auf den Plan und erwarb Taverne und Brauerei im Zuge eines Versteigerungsverfahrens. Heute wird das Trumer Bier sogar in China vermarktet. Deshalb wundert sich auch niemand, wenn in Obertrum aus dem brauereieigenen Dorfbrunnen Bier gezapft wird. Doch bevor wir uns in einen der schönsten Biergärten des Flachgaus zum Vergessen von Zeit und Raum zurückziehen, spazieren wir durch den Ort. Der historische Ortskern wurde leider 1917 durch einen Brand weitgehend zerstört. Vom Dorfplatz gehen wir in nördlicher Richtung über die Hauptstraße bis zur Gabelung, an der wir uns links halten. Wir befinden uns jetzt auf der Haunsbergstraße, auf der wir am Gemeindeamt vorbei und weiter wandern, bis wir auf die Kirchstättstraße stoßen. Dann halten wir uns links und gehen zur Hausnummer 23, zum Heimatmuseum, das im ehemaligen „Einlegerhaus" untergebracht ist. Früher wohnten im sogenannten Einlegerhaus mittellose Dienstboten auf Kosten der Gemeinde. Neben einer umfassenden Fotodokumentation über Obertrum ab 1895 stellt Gebrauchskeramik einen weiteren Sammlungsschwerpunkt dar. Darüber hinaus gibt es Sonderausstellungen zu Themen des ländlichen Alltags. Im Anschluss an den Besuch im Heimatmuseum halten wir uns rechts und gehen die Kirchstättstraße in südlicher Richtung bis zur Mattichstraße, in die wir wiederum rechts einbiegen. Wer etwas für Puppen übrig hat, wird vorher noch links einen Abstecher zum Mattigplatz 2 machen, wo die Obertrumer Puppenwelt untergebracht ist. Auf der Mattichstraße entfernen wir uns in westlicher Richtung vom Ortszentrum, dabei kommen wir am Gebäude der Landesberufsschule des Hotel- und Gastgewerbes vorbei. Wo die Mattichstraße in die Lindenhofstraße übergeht, rückt auch unser Ziel, die Kapelle Zum guten Hirten näher. Die neben dem Lindenhof, dem ehemaligen Pfarrhof, stehende Kapelle unterscheidet sich zumindest auf den ersten Blick nicht von den vielen anderen Kapellen in der Umgebung. Nach dem Betreten der Kapelle ändert sich die Wahrnehmung allerdings blitzartig, und der Weg hierher wird keinen Augenblick mehr infrage gestellt. Ursprünglich war die Kapelle aus Holz errichtet und gehörte zur privaten Einsiedelei des Matseer Dechanten Johann Baptist Oelperl. Im Vorraum zur Kapelle sind noch Teile der Einsiedelei, die als einzig erhaltene Eremitage aus dem Salzburger Barock gilt, zu sehen. Die Seccomalerei zieht sich über drei Stockwerke und fasziniert durch die Fülle der Bildergeschichten und deren Farbigkeit. Wir nehmen denselben Weg zurück zum Dorfplatz im Ortszentrum.

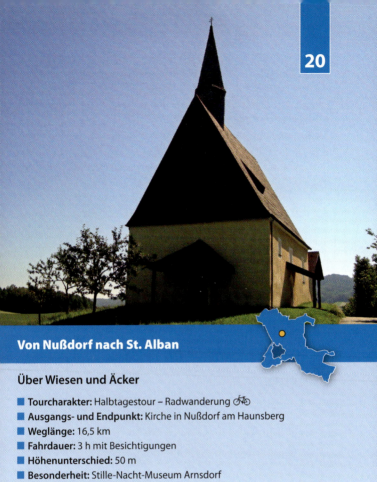

20

Von Nußdorf nach St. Alban

Über Wiesen und Äcker

- **Tourcharakter:** Halbtagestour – Radwanderung
- **Ausgangs- und Endpunkt:** Kirche in Nußdorf am Haunsberg
- **Weglänge:** 16,5 km
- **Fahrdauer:** 3 h mit Besichtigungen
- **Höhenunterschied:** 50 m
- **Besonderheit:** Stille-Nacht-Museum Arnsdorf

Vor der Kirche in Nußdorf schwingen wir uns aufs Rad, halten uns in westlicher Richtung und strampeln über Rottstätt und Gröm-Graben, am Wachtberg vorbei, bis Göming, einer kleinen Gemeinde, die erst seit 1848 eigenständig ist und vorher den jeweiligen Grundherren und Erzbischöfen untergeordnet war. Nach etwa sieben Kilometern sind wir am Ziel. In Göming halten wir uns rechts, um in nördlicher Richtung über Mittergöming und Gunsering nach Arnsdorf zu fahren. Im dortigen Schulhaus, wo Franz Xaver Gruber von 1807 bis 1829 unterrichtete, gehen auch heute noch die Kinder zur Schule. Die Arnsdorfer Schule ist das älteste Schulhaus Österreichs, in dem auch heute noch unterrichtet wird. Die Wohnung im ersten Stock ist als Museum eingerichtet. Während der Sommerferien kann auch das Klassenzimmer, in dem Gruber tätig war, besichtigt werden.

Wir verlassen Arnsdorf und radeln in nordöstlicher Richtung auf dem Arnoweg weiter, bis wir nach etwa sechs Kilometern vor der Kirche St. Alban stehen. Das gotische Kirchlein ist mit Fresken aus dem ausgehenden 14. Jahrhundert geschmückt und dem heiligen Alban, der im 5. Jahrhundert Bischof von Mainz war, geweiht. Angeblich hat sie ein Gutsbesitzer, der 1164 in das Kloster Michaelbeuern eintrat, erbauen lassen. Bei der nächsten Abzweigung biegen wir scharf nach rechts ab und fahren in südöstlicher Richtung über die Oichten und die Landesstraße bis Eisping, wo wir erneut rechts abbiegen und in südlicher Richtung bis Nußdorf radeln.

Altar der St. Alban-Kapelle

Kloster auf dem Land

Wer den Stiftshof des knapp 1000 Jahre alten Klosters durch den 1617 erbauten Abteiturm betritt, findet sich in einem etwas verschobenen Viereck wieder. In dessen Mitte steht ein Brunnen, der links und rechts von je einem Baum flankiert wird. Sonst sticht außer den Fassadenmauern nichts ins Auge. Hier wird die Beschränkung auf das Wesentliche zum Prinzip erklärt, wobei für Schnörkel kein Platz ist. Die Benediktiner-Abtei Michaelbeuern liegt 30 Kilometer nördlich der Stadt Salzburg, exakt auf der halben Strecke zwischen Salzburg und Braunau, und gibt sich anders als die großen Paradeklöster in Niederösterreich oder in der Steiermark eher bescheiden.

Über die Anfänge gibt es keine gesicherten Daten. Die Geschichte Michaelbeuerns lässt sich erst seit dem 11. Jahrhundert anhand von Dokumenten und Aufzeichnungen nachvollziehen. So heißt es, dass am 18. Juli 1072 Sieghard von Aquileja die neu entstandene Klosterkirche „zu Ehren der allerseligsten Gottesmutter Maria und des heiligen Erzengels Michael" weihte. Bereits ein Jahrhundert später wurde das Kloster mit

Kloster auf dem Land

Seelsorgeaufgaben in Seewalchen am Attersee, Obersulz in Niederösterreich, Wien-Währing, Dorfbeuern und Lamprechtshausen betraut. Aus Personalmangel stehen heute nur noch die Pfarreien in Dorfbeuern und Perwang in der Verantwortung des Klosters. Ist es heute der Mangel an geistlichem Nachwuchs, der den Wirkungskreis einschränkt, waren es in den vorangegangenen Jahrhunderten religiöse und politische Umwälzungen, die sich nachteilig auf die wirtschaftliche Kraft der Abtei auswirkten. Trotz aller widrigen Umstände konnte der Betrieb mit Ausnahme der Jahre 1942 bis 1945 aufrechterhalten bleiben. Während dieser Zeit war im Kloster ein Altersheim untergebracht und verblieb dort bis in die 1960er-Jahre. Die zwischen 1947 und 1950 umgebaute Stiftskirche war während des Krieges als Lagerhalle in Verwendung. Der Schulbetrieb wurde bereits 1949 provisorisch wieder aufgenommen. Die Sängerknaben-Schule, deren Ursprünge bis in das frühe 17. Jahrhundert reichen, wurde 1963 in eine Hauptschule umgewandelt, in der heute über 300 Schülerinnen und Schüler  bis auf eine Ausnahme von weltlichen Lehrern unterrichtet werden. Der Gang durch die Klosteranlage, zu der neben der Kirche, dem Konvent und der Hauptschule auch ein Exerzitienhaus gehört, ist gleichzeitig eine Tour durch die Baustile und Kunstepochen des Abendlandes. Wobei die Romanik des Stufenportals der Kirche, des alten Refektoriums sowie des Kreuzganges und das Barock des Konventtrakts und der Bibli-

Benediktinerabtei Michaelbeuern

othek als besonders prägend empfunden werden. Aus der Spätromanik stammen die ersten bis heute erhalten gebliebenen Trakte, und in der Zeit des Barock schwebte Abt Antonius Moser (1765–1783) ein kompletter Neubau vor. Davon wurden allerdings nur der Konventtrakt und die Bibliothek realisiert. Heute stehen in den Regalen der schmucklosen, architektonisch umso eindringlicher wirkenden zweigeschossigen Bibliothek 20.000 Bände. Der Gesamtbestand geht weit darüber hinaus und wird zurzeit elektronisch katalogisiert. Zu den wertvollsten Handschriften zählt die sogenannte Waltherbibel, eine um 1140 in St. Peter entstandene Riesenbibel, benannt nach Abt Walther (1161–1190), der sie seinerzeit erworben hatte. Eine weitere Rarität stellt die Haunsperger Chronik aus 1587 dar. Das Geschlecht der Haunsperger hatte seinen Sitz einst auf dem Felsen, auf dem heute die Kirche St. Pankraz im Nußdorfer Ortsteil Schlößl steht. Die Haunsperger pflegten mit der Abtei gute Kontakte, die ihnen die Klosterkirche als Grablege überließ.

Selbst das gut gebuchte Exerzitienhaus kann der klösterlichen Ruhe des Stiftshofs nichts anhaben und auch nicht die Besucher, für die jeweils am Sonntag die Pforten geöffnet sind. Wer jedoch bis ins Herz des Klosters, in den Konventtrakt vordringen möchte, muss erstens männlichen Geschlechts sein, zweitens die ewige Profess ablegen oder drittens Mönch auf Probe werden wollen.

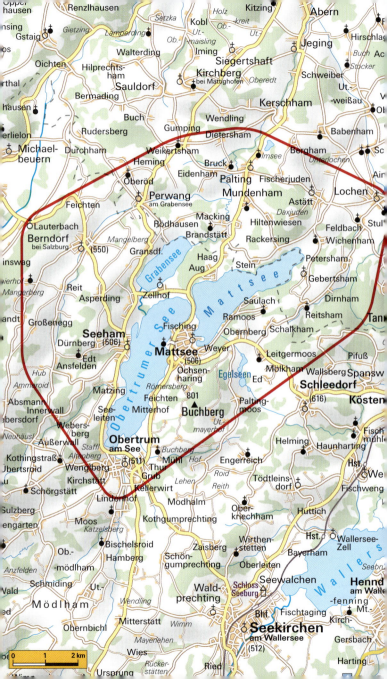

Kultplatz seit Jahrtausenden

Das Salzburger Dreiseenland

20 Kilometer nördlich der Stadt Salzburg liegt Mattsee als das historische und kulturelle Zentrum des Salzburger Dreiseenlandes mit Mattsee, Obertrumer See und Grabensee. Eingebettet zwischen den Ufern des Unteren und Oberen Mattsees, auch Obertrumer See genannt, und markiert von den Erhebungen des Schlossbergs und des Wartsteins hat sich der heutige Markt aus der einstigen Klostergründung um 777 n. Chr. entwickelt. Das Stift gibt auch heute noch den Ton an, zumindest in kultureller Hinsicht. Sichtbarstes Zeichen ist der 60 Meter hohe Turm der Stiftskirche, auch „Goliath des Mattiggaus" genannt. Obertrum und Seeham sind zwei weitere Hauptorte. Das ausgewiesene Biodorf Schleedorf schließt sich unmittelbar nach den Egelseen an Mattsee an. Das Dreiseengebiet zählt zu den ältesten Kulturlandschaften des Salzburger Landes und verdankt seine heutige Form den breiten Gletscherzungen, die sich vom großen Salzachgletscher abzweigten und diese unnachahmlich milde und reizvolle Landschaft schufen. Was einst eine einzige Wasserfläche war, hat sich über Jahrtausende durch Absenkung des Wasserspiegels und Versandung in eine fragile und schon früh geschützte Moor- und Seenlandschaft entwickelt. Diese drückte der Gegend den Stempel auf und ließ sie zu einem begehrten Naherholungsraum werden, den auch schon die Römer zu schätzen wussten. Die ersten Siedler ließen sich am Übergang von der Mittleren zur Jüngeren Steinzeit (6000–2000 v. Chr.) auf dem Schlossberg nieder und legten damit den Grundstein für die Ansiedlung weiterer Kulturen, etwa der Römer und Bajuwaren, in deren Blütezeit auch die Klostergründung fällt. Während das älteste noch bestehende Kollegiatstift in

Österreich bis 1807 zum Bistum Passau gehörte, kam die Herrschaft Mattsee mit dem Schloss als Sitz der Grafen und Pfleger schon am Ende des 14. Jahrhunderts zum Fürsterzbistum. Als in der zweiten Hälfte des 19. Jahrhunderts der Tourismus ins Rollen kam, war Mattsee rasch einer der ersten Orte mit eigenem, bereits 1882 gegründeten Saison-Verein und treuen Sommerfrischlern hauptsächlich aus Wien und Salzburg, nachdem die Kaiserin-Elisabeth-Bahn 1860 in Betrieb gegangen war. Aufsehen erregte die 1869 von Heinrich Wallmann initiierte Badeanstalt, die Mattsee zum ersten See-Badeort Österreichs machte. Am heutigen Hotel Seewirt erinnert eine Gedenktafel an den Arzt und Tourismus-Pionier, der ein feines Gespür für erfolgreiches Marketing hatte und sich als Autor von Reisebeschreibungen Heinrich von Mattig nannte.

Einiges lässt darauf schließen, dass es auch Heinrich Wallmann war, der Anna Rosa Breitner Mattsee als Sommerfrische schmackhaft machte. Die Großmutter des berühmten Chirurgen Burghard Breitner galt zu ihrer Zeit als eine der hübschesten Wienerinnen und hatte mit dem Schwechater Bier-Magnaten Anton Dreher eine Liaison, aus der ihr Sohn Anton hervorging. Statt des Jaworts – Anton Dreher war zu dieser Zeit ein zweites Mal verheiratet – erhielt sie eine stattliche Abfindung, wovon sie in Mattsee am Vorderwartstein das Ambros-Gütl und ein paar weitere Grundstücke erwerben und für ihren Sohn eine Villa erbauen lassen konnte. Damit war am Wartstein der Anfang für die Häuser der Sommerfrischler gemacht. In der Blütezeit um 1925 stand das Dreiseenland dem Salzkammergut in nichts nach, nur die Klientel war eine andere. Während Adel und Adabeis seinerzeit dem Hof nach Ischl und Umgebung folgten, hatten liberal und national gesonnene Bürger ihr Tuskulum in Mattsee gefunden, unter ihnen auch der Arzt und Gerichtspsychiater Josef Hinterstoisser, der mit Anna Rosa Breitner befreundet und Vormund ihres Sohnes Anton war. Die Hinterstoisser-Villa wurde zum Dreh- und Angelpunkt der besseren Gesellschaft. Im Sommer 1934, als wegen der politischen Unruhen viele Sommerfrischler zu Hause blieben, verbrachte Bundeskanzler Engelbert Dollfuß das Wochenende vor den tödlichen Schüssen in der Villa Hinterstoisser. Kurt Schuschnigg, sein Nachfolger im Amt, kam wenige Wochen später ebenfalls als Gast in die Villa, die heute dem Erzbistum Salzburg gehört und als Ruhesitz der emeritierten Erzbischöfe dient.

Ein Blick von der Schlossterrasse auf die Weyerbucht, wenn die Sonne strahlt und die Boote im Wind schaukeln, stellt rasch und kompromisslos unter Beweis, dass es sich hier um einen der schönsten Orte des Flachgaus handelt, der dabei ist, an das große Erbe eines der ersten Seebäder in der Monarchie anzuknüpfen. Der vor zehn Jahren ins Leben gerufene „Diabelli Sommer" hat sich längst zu einem Fixstern am Himmel des Salzburger Festival-Sommers etabliert.

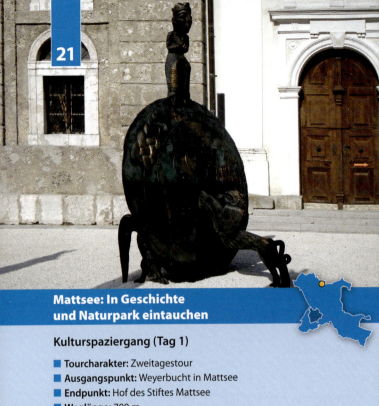

Mattsee: In Geschichte und Naturpark eintauchen

Kulturspaziergang (Tag 1)

- **Tourcharakter:** Zweitagestour
- **Ausgangspunkt:** Weyerbucht in Mattsee
- **Endpunkt:** Hof des Stiftes Mattsee
- **Weglänge:** 700 m
- **Gehdauer:** 3 h mit Besichtigungen
- **Höhenunterschied:** 50 m
- **Besonderheit:** Kulturhistorisch sehr bedeutend

Wir stehen an der Weyerbucht, hinter uns der Segelclub, vor uns der See. Rechts sehen wir die Hütten des Bajuwarendorfes, die 1988 anlässlich der Landesausstellung aufgestellt wurden. Die Gründung des Stifts Mattsee vor nunmehr über 1250 Jahren geht auf den Bayernherzog Tassilo III. zurück.

Wir nehmen uns zwei Tage Zeit, um diesen kulturell vielfältigen und geschichtlich reichen Ort, der 2010 seinen 75. Geburtstag als Markt feiert, richtig kennenzulernen. Wir nehmen den Weg entlang der Bucht, lassen die Anlage des Hotels Iglhauser links liegen und biegen nach wenigen Metern auf den kleinen Fußweg ab, der zum Schlossberg hinaufführt. Für einen ersten umfassenden Blick auf den Ort und in die vom Wasser geprägte Landschaft reicht das voll und ganz aus. Wir stehen auf jahrtausendealtem Kulturboden, der in der Jungsteinzeit erstmals besiedelt wurde und als ein besonderer Kraftort erlebt werden kann. Beim Abstieg machen wir einen kurzen Schwenk ins Schlosscafé, um uns ein weiteres Mal von der grandiosen Aussicht auf Bucht und See beglücken zu lassen. Nachdem wir einen Blick in das vor einigen Jahren wieder aufgebaute Schloss, dessen Ursprünge in das 12. Jahrhundert zurückreichen, geworfen haben, geht es über eine steile Rampe zur Uferpromenade hinunter, und wir schauen geradewegs auf das 1928 errichtete Strandbad, das dem sogenannten „Wallmannbad" nachfolgte. Über das Strandbad hinaus fängt sich der Blick auf der Unerseehöhe, einer kleinen Erhebung zwischen Mattsee und Obertrumer See. Diese wurde richtiggehend berühmt, nachdem dort zum Ende des Zweiten Weltkriegs für kurze Zeit Teile des ungarischen Kronschatzes vergraben waren, ehe diese den US-amerikanischen Besatzungssoldaten übergeben wurden und für die nächsten Jahrzehnte in den Tresoren von Fort Knox verschwanden. Wir gehen ein paar Schritte zurück zum Denkmal, das uns an diese Geschehnisse erinnern soll. Unser nächstes Ziel ist die Stiftskirche samt ehemaliger Propstei, in der heute das Stiftsmuseum untergebracht ist. Das Hotel Iglhauser lassen wir noch einmal links liegen und nehmen am Südende des Friedhofs den kleinen Weg zwischen Hotel und ehemaliger Pfarrkirche, einst ein schützender Wassergraben, um kurz danach durch den Friedhof zur Stiftskirche, die seit 1928 auch Pfarrkirche ist, zu gelangen. Auf dem anlässlich des 1250-Jahre-Jubiläums der Klostergründung neu gestalteten Stiftsvorplatz fällt der Blick auf eine imposante Bronzeplastik von Lotte Ranft. Tassilo, der Klostergründer, sitzt auf einer mächtigen Scheibe, die vorne vom bayerischen Löwen gestützt wird. Ehe wir über den Stiftskeller ins Museum gehen, werfen wir einen Blick auf den gegenüberliegenden Pfarrhof, an dessen Portal eine Tafel an August Radnitzky erinnert, der über 50 Jahre lang erfolgreich als Stiftsverwalter wirkte und sich als Mundartdichter „Fink von Mattsee" nannte. Danach kommen wir am Haus Seestraße 3 vorbei, in dem 1781 der Musikverleger und Komponist des Biedermeier Anton Diabelli geboren wurde.

Die Räume des heutigen Stiftsmuseums dienten bis in die 1970er-Jahre dem jeweiligen Propst als Wohn- und Arbeitsbereich. Im Mittelpunkt steht neben zahlreichen Gemälden und kostbaren Liturgie-Juwelen zweifellos die gedeckte Tafel, an der die zwölf Kanoniker des Weltpriesterstifts mehrmals im Jahr gemeinsam tafelten. Heute wird die gesellige Runde in den Stiftskeller verlegt. Die Bibliothek umfasst über 300.000 Bände. Stolz ist man vor allem auf die älteste schriftliche Urkunde auf Salzburger Boden. Dabei handelt es sich um eine Urkunde von Ludwig dem Deutschen, einem Enkel Karls des Großen. Eigene Räume sind Burghard Breitner und Anton Diabelli gewidmet. Bevor unsere Augen wegen der hübschen Ausstattung des Kapitelsaals, der auch als Veranstaltungs- und Konzertsaal dient, zu glänzen beginnen, werfen wir einen Blick in die Sammlung des Bildhauers Vinzenz Schreiner, dessen eindrucksvolle Kreuzweg-Tafeln im Kreuzgang ausgestellt sind.

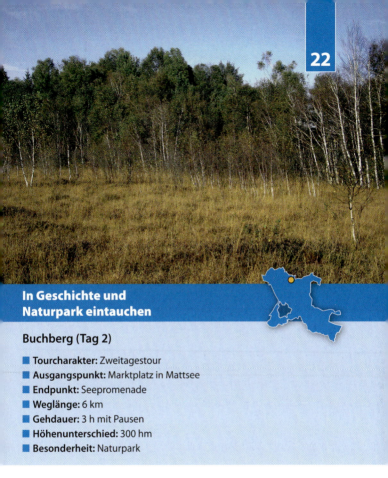

22

In Geschichte und Naturpark eintauchen

Buchberg (Tag 2)

- **Tourcharakter:** Zweitagestour
- **Ausgangspunkt:** Marktplatz in Mattsee
- **Endpunkt:** Seepromenade
- **Weglänge:** 6 km
- **Gehdauer:** 3 h mit Pausen
- **Höhenunterschied:** 300 hm
- **Besonderheit:** Naturpark

Seit 2009 ist der Buchberg wie schon in den 1970er-Jahren wieder als Naturpark ausgewiesen. Wir wandern direkt vom Ort aus auf den bis zur Kuppe bewaldeten Hügel und überwinden dafür knapp 300 Höhenmeter. Vom Marktplatz gehen wir ein kurzes Stück in westlicher Richtung die Salzburger Straße entlang und biegen dann in die Münsterholzstraße, der wir bis zur Volksschule folgen. Diese lassen wir rechts liegen und wenden uns den Buchbergweg hinauf. Zwischen den Häusern Nr.

13 und 15 beginnt ein schmaler Steig, dessen Markierung wir nicht mehr verlassen, bis wir oben auf 801 Meter angelangt sind. Als in der letzten Eiszeit, vor knapp 10.000 Jahren, ein Ableger des mächtigen Salzachgletschers das heutige Dreiseenland formte, ragte die Kuppe über den Gletscher hinaus. Wie auch der Haunsberg und der Tannberg besteht der Buchberg aus Flyschgesteinen, der im Flachgau am weitest verbreiteten Gesteinsformationen. Dabei handelt es sich um Tiefseeablagerungen aus der Entstehungszeit unserer Erde. Den Namen hat der Buchberg höchstwahrscheinlich vom dichten Mischwald aus Buchen und Tannen, der ihn auch heute noch prägt. An der Stelle, wo bereits Ende des 19. Jahrhunderts ein Aussichtsturm stand, soll auch jetzt wieder einer errichtet werden. Bis es soweit ist, begnügen wir uns mit der Aussicht, die wir vorfinden und staunen über das Panorama, das sich uns bietet: Der Blick geht über das Alpenvorland mit der Osterhorngruppe und weiter zum Traunstein, Dachstein und ins Tennengebirge. Von dort weiter zum Hochkönig, über das Steinerne Meer, zum Wilden Kaiser in Tirol, zu den Chiemgauer Alpen und bis zum Wendelstein bei Bayrischzell im Mangfallgebirge. Wie gesagt, an klaren Tagen ist der Münchner Fernsehturm nicht nur zu erahnen und an Föhntagen kann man gar den Bayerischen Wald ausmachen.

Weil wir uns rechtzeitig auf den Weg gemacht und beim Buchbergwirt nur eine kleine Jause genommen haben, bleibt uns ausreichend Zeit, um bis an die Ufer der Egelseen zu wandern. Auch die vier Seen, die heute nur mehr eine Wasserfläche von insgesamt 20 Hektar umfassen, verdanken ihr Entstehen dem mächtigen Salzachgletscher mit den entsprechenden Zweigen. Ursprünglich war ein See mit einer Fläche von etwa 150 Hektar vorhanden, dessen Spiegel 16 Meter höher lag als der der heutigen Seen mit 594 Meter. Durch die tiefe Einkerbung des Tiefsteinbaches entstand die gleichnamige Klamm, die erheblich zur Absenkung des Wasserspiegels beigetragen hat. Besonders reizvoll ist die unter Naturschutz gestellte Umgebung der Seen im Herbst, wenn sich die knallbunten Blätter bei klarem Licht im Wasser spiegeln. Weil wir uns an dieser bis auf wenige Ausnahmen behutsam verbauten Gegend kaum sattsehen können, gönnen wir uns, wieder im Markt unten angekommen, zum Abschluss eine Bootsfahrt mit der „Seenland". Einerseits um auch die Perspektive vom Wasser aus kennenzulernen, andererseits um ein wenig Zeit zu haben, den Marsch durch 12.000 Jahre Kulturgeschichte zu sortieren und abzuspeichern. Für den Abend ist ein Tisch im Restaurant „Lust.reich" reserviert, bei schönem Wetter selbstverständlich auf der Terrasse mit unbezahlbarem Blick auf den Mattsee.

Ab Herbst 2010 begrüßt das neue Kuschel- & Genießerhotel Seewirt mit einem neuen Wellness- und SPA-Bereich, Panorama-Pool am Dach des Hauses, 18 neuen Kuschelzimmern und neuem Restaurant „Lust.reich" mit großzügiger Seeterrasse und traumhaftem Seeblick seine Gäste.

Hotel Seewirt, Seestraße 4, 5163 Mattsee, Tel. 06217/5271
hotel@seewirt-mattsee.at, www.seewirt-mattsee.at

Rund um den Grabensee

Ruhe im Moor

- **Tourcharakter:** Halbtagesausflug
- **Ausgangs- und Endpunkt:** Berndorf, Gruber-Gedenktafel
- **Weglänge:** 6,5 km
- **Gehdauer:** 2 h
- **Höhenunterschied:** 50 hm
- **Besonderheit:** Landschaftsschutzgebiet

Unsere Tour beginnt in Berndorf, zu dessen Gemeindegebiet der zur Gänze unter Naturschutz stehende Grabensee gehört. Er ist der kleinste der drei, die früher einmal einer, sprich der Mattsee waren. Die Ursprünge von Berndorf reichen bis in die Bajuwarenzeit zurück, als in Mattsee ein Kloster gegründet wurde. Selbstverständlich werfen wir, bevor wir den Ort in Richtung Mangerberg verlassen, auch einen Blick auf die Gedenktafel für Franz Xaver Gruber, den Komponisten von „Stille Nacht, Heilige Nacht", der von 1829 bis 1835 in Berndorf als Lehrer, Mesner und Organist wirkte. Wir lassen Mangerberg links liegen und gehen weiter geradeaus in Richtung Gransdorf. Dabei geht es leicht bergab, da alle drei Seen auf 503 Meter und die Ränder dieses Beckens 20 bis 30 Meter höher liegen, was wiederum darauf hinweist, dass der Seespiegel einst ein höherer war.

In Gransdorf halten wir uns links in Richtung Rödhausen, das heißt, wir überschreiten die Grenze zu Oberösterreich und verlassen kurz den Flachgau, um auf Innviertler Boden bis Rödhausen und nach Brandstätt zu gehen. Ab Rödhausen befinden wir uns auf dem Pilgerweg Via Nova, der uns über die Wiese bis an die Mattig führt, die wir beim Campingplatz überqueren. Die in Ursprung, im Gemeindegebiet Elixhausen, entspringende Mattig durchfließt den Obertrumer See und im Weiteren östlich von Fraham auch den Grabensee, um kurz nach Braunau in den Inn zu münden. Da Mattsee, Obertrumer See und Grabensee miteinander verbunden sind und der Mattsee keinen eigenen Abfluss hat, entwässert die Mattig alle drei Seen.

Nach dem Überqueren der Holzbrücke gehen wir ein Stück flussaufwärts und dann weiter am Seeufer entlang, bis wir zur Abzweigung „Gnadenbründl" kommen, wo wir die Via Nova wieder verlassen. Das Gnadenbründl war wie die kleine Kirche in Zellhof ab Mitte des 17. Jahrhunderts ein beliebter Wallfahrtsort. Vom Gnadenbründl gehen wir weiter in Richtung „Moorbad", wo im Gasthof Moorbad bis vor zehn Jahren noch Mooranwendungen angeboten wurden. Am Anfang des 20. Jahrhunderts, als Mattsee in der Blüte als See-, Strand- und

Kurbad stand, ließen sich viele Sommerfrischler aus Wien und Salzburg im Moorbad von ihren Leiden kurieren. Wir kehren bei Familie Haselberger auf eine Jause ein. Vom Moorbad folgen wir der Ausschilderung nach Zellhof. Nach einem Besuch der kleinen Wallfahrtskirche zum Heiligen Kreuz halten wir uns in westlicher Richtung und gehen bis zur Kreuzung in Fraham, wo wir uns im Weiteren nördlich halten und über Gransdorf und Mangerberg wieder nach Berndorf zurückkehren.

Die Einkehr im Gasthof Moorbad lohnt im doppelten Sinne: Der sonnige Gastgarten und die gemütlichen Stuben laden zum Verweilen ein. Die hausgemachten Spezialitäten des Hausherrn wie Most, Schnaps, Würste und Speck lassen Genießerherzen höher schlagen.

Gasthof Moorbad, Moorbad 1, 5163 Mattsee, Tel. 06217/5238, info@gasthof-moorbad.at, www.gasthof-moorbad.at

24

Vom Mattsee nach Zellhof und Gebertsham

Eine sportliche Runde mit zwei Kirchen

- **Tourcharakter:** Halbtagestour – Radwanderung 🚴
- **Ausgangs- und Endpunkt:** Parkplatz an der Nordausfahrt von Mattsee
- **Weglänge:** 14 km
- **Fahrdauer:** 3 h mit Besichtigungen
- **Höhenunterschied:** 80 hm
- **Besonderheit:** Blick auf den See aus unterschiedlichen Perspektiven

Wir starten vom Parkplatz in der Weyerbucht oder von dem an der Nordausfahrt und lassen es in Richtung Moorbad gemächlich angehen, denn schon nach ein paar hundert Metern halten wir an der Johannesbrücke an. Hier an der Verbindungsstelle zwischen Mattsee und Obertrumer See wird deutlich, dass es sich bis ins Mittelalter um einen einzigen See gehandelt hat, dessen Wasserspiegel um 25 Meter höher lag als der heutige. Bis zur Abzweigung nach Zellhof haben wir einen freien Blick auf den See, und die Farbnuancierung von zartblau über türkis bis dunkelblau lässt sich gut erkennen. Kurz nach der „Überfuhr" – als es noch keine Verbindungsstraße nach Seeham gab, ließ man sich ab hier mit dem Boot übersetzen – biegen wir nach Norden in Richtung Zellhof ab. Wo heute auf einer kleinen Anhöhe zwischen Obertrumer und Grabensee ein Internationales Pfadfinderlager unterhalten wird, steht das Gut Zell, heute „Zellhof" genannt, das sich im Besitz des Stifts Mattsee befindet. In der wechselvollen Geschichte der vielen Eigentümer ragt die von Erzbischof Firmian besonders hervor. Pläne belegen, dass er einen ausgedehnten Barockgarten anlegen lassen wollte, allein es fehlte das Geld. Uns interessiert insbesondere die Wallfahrtskirche zum Heiligen Kreuz, deren ursprünglicher Grundriss aus dem 12. Jahrhundert stammt und die Aus- und Umbauten in der Gotik und im Barock erfuhr. Zur Marienwallfahrtskirche wurde sie im ausgehenden 17. Jahrhundert. Die älteste der im Stiftsmuseum ausgestellten Votivtafeln ist auf 1707 datiert und wurde vom Bauern Georg Eder, einem Vorfahren von Alterzbischof Georg Eder, gestiftet.

Wir kehren wieder auf den Radweg neben der Landesstraße zurück, radeln weiter zur Abzweigung Aug gegenüber dem Gasthof Fürst und folgen danach den grünen Schildern „Trumer Seen Route". In Ufernähe kommen wir durch kleine Hüttendörfer und an Campingplätzen vorbei bis kurz vor das nordöstliche Ende des Sees. Danach geht es etwas bergauf, wir biegen in den Güterweg Gebertsham ein und machen nun Halt bei der dortigen Kirche, die vom Grundriss bis zum Flügelaltar und vor allem durch die vor wenigen Jahren entdeckten Wandmalereien ein einzigartiges gotisches Gesamtkunstwerk darstellt. Bis hinter Saulach geht es meist bergauf, aber der Blick auf die Seenlandschaft entschädigt vollends für die Anstrengung. Danach radeln wir durch ein Waldstück, weiter abwärts in Richtung Ramoos und über die Münsterholzstraße zum Marktplatz, wo wir uns im Anschluss noch ein Eis genehmigen.

25

Wartstein-Rundwanderweg

Siedlungsraum der Sommerfrischler

- **Tourcharakter:** Nachmittagsausflug
- **Ausgangs- und Endpunkt:** Marktplatz in Mattsee
- **Weglänge:** 2,5 km
- **Gehdauer:** 2 h
- **Höhenunterschied:** 80 hm
- **Besonderheit:** Schautafeln zur landschaftlichen Entwicklungsgeschichte

Neben dem Schlossberg ist der Wartstein die zweite markante Erhebung, die das Mattseer Ortsbild prägt und wesentlich zum Flair des traditionsreichen Badeorts beiträgt. Der Wartstein ist aber noch viel mehr, schließlich besteht er aus Ablagerungen, die aus einem Zeitraum stammen, der vor rund 60 Millionen Jahren begann und vor 16 bis 21 Millionen Jahren endete. So abstrakt diese Zahlen auch sein mögen, man spaziert heute auf einer gut einen halben Meter dicken Fossilschicht aus Schnecken, Muscheln, Korallen und Seeigeln aus der frühen

Entstehungszeit unserer Erde. Heute lässt sich davon kaum mehr etwas finden. Ersatzweise halten wir nach dem rötlichen Sandstein mit Einschlüssen von Nummuliten und anderen Einzellern Ausschau. Ab der ersten Hälfte des 19. Jahrhunderts wurde Mattsee für seinen Fossilienreichtum aus dem Eozän bekannt. Bedauerlicherweise sind die einstigen beträchtlichen Fossiliensammlungen entweder im Depot verschlossen oder wurden vom Stift der Geologischen Bundesanstalt in Wien übergeben. Über den Aufbau der Gesteinsschichten im Laufe der Jahrmillionen lassen wir uns von den auf dem Milleniumsweg aufgestellten Schautafeln informieren und biegen dafür am nördlichen Ende des Marktplatzes in den Burghard Breitner Weg ein. Nach einem ersten Anstieg geht es gemächlich den südlichen Wartstein entlang. Nach dem ersten Drittel bleiben wir etwas länger vor der Schautafel zum Buchberg stehen, der seit 2009 wieder als Naturpark ausgezeichnet ist, und schauen auf die milde und dicht bewaldete Kuppe hinüber. Nach einem weiteren Drittel kommen wir an der Villa Breitner vorbei, wo der Wartsteinweg in einen Abschnitt des Jakobswegs mündet. Sie repräsentiert die erste von Sommerfrischlern in Mattsee erbaute Villa und steht nach wie vor im Privatbesitz der Nachkommen von Anton Breitner, der sich das Anwesen mit einem markanten Turm schmücken ließ. Die exponierte Hanglage mit bester Sicht wurde bald äußerst beliebt für den Bau von Sommerhäusern.

Wir setzen unseren Weg über den Hinterwartstein fort und kommen nach knapp drei Stunden wieder auf den Marktplatz zurück, wo wir noch einmal den Blick zum Turm der Stiftskirche genießen und die Jahrmillionen geistig an uns vorbeiziehen lassen.

Vom Dorfbrunnen zum Brechelbad

Im Zeichen des Wassers

- **Tourcharakter:** Halbtagestour
- **Ausgangs- und Endpunkt:** Dorfplatz Seeham
- **Weglänge:** 6 km
- **Gehdauer:** 3 h
- **Höhenunterschied:** 80 hm
- **Besonderheit:** Lehrbeispiel zum Thema Nachhaltigkeit

Seeham ist nicht Sydney, nur weil es eine spektakuläre Bühne auf dem Wasser hat, und auch keine Idylle in Neuengland, nur weil die Stimme des Navigationsgeräts den Ort englisch ausspricht. Seeham ist alles das nicht, aber doch viel mehr. Der kleine Ort am Westufer des Obertrumer Sees ist in der warmen Jahreszeit eine quirlige Sommerfrische im besten Sinne des Wortes und ansonsten ein Dorf, das weiß, was es will. Was es will, soll „bio" sein, wobei es dabei hauptsächlich um das

Prinzip der Nachhaltigkeit geht. Ausgewiesene Bioläden und entsprechender Ab-Hof-Verkauf von biologisch hergestellten Lebensmitteln sind neben den Seehamer Biotagen, die einmal jährlich im Frühsommer stattfinden, ein praktischer Beweis. Der Umgang mit dem Wasser ein anderer. Wo Wasser im Überfluss vorhanden ist, wird es umso kostbarer, wenn man sich vor Augen führt, in wie vielen Gegenden wie viele Menschen unter eklatantem Wassermangel leiden. Vor diesem philosophischen Hintergrund sind auch die Brunnen zu sehen, die in den vergangenen Jahren in Seeham errichtet wurden.

Wir beginnen unsere Wanderung dort, wo im Sommer auf der Seebühne großes Theater gespielt wird. Neben der Bühne steht das sogenannte „Gaberhell-Haus", in dem Seminare abgehalten werden, und davor wiederum der Gaberhell-Brunnen, der 1998 von Peter Mairinger, einem in Seeham ansässigen Maler und bildenden Künstler, gestaltet wurde. Wir gehen wieder zurück zur Straße und halten uns auf dieser links, bis wir nach wenigen Metern auf der rechten Seite wieder zu einem Brunnen kommen. Dabei handelt es sich um den Dorfbrunnen, der, ebenso von Peter Mairinger gestaltet, seit 2006 vor dem Schmiedbauernhaus steht und mit diesem gemeinsam so etwas wie das kulturelle Herz des Ortes repräsentieren soll. Der Schmiedbauernhof, 1842 bis auf die Grundmauern abgebrannt und Jahre später wieder aufgebaut, ging 2003 in den Besitz der Gemeinde über und blickt einer Zukunft als kulturelle Begegnungsstätte entgegen. Wir verlassen den Ort in südlicher Richtung und gehen in den Ortsteil Matzing. Dort halten wir uns bei dem Hinweisschild zum Hotel Schiessentobel rechts und gehen in Richtung Webersberg zum Paulseppl-Bauern Hans Steiner. Dieser ist dafür bekannt, dass man sich von ihm eine Armbrust bauen lassen kann. Darüber hinaus lässt er auf seinem Hof auch noch Theater spielen und Musiker auftreten. Aufführungsort ist meist das frühere Brechelbad. Brechelbäder haben sich aus den Brechelstuben, in denen Flachs gedörrt und gebrechelt wurde, entwickelt. Da zum Dörren der Flachsbündel eine Temperatur von 60 Grad Celsius notwendig war, eignete sich die Brechelstube auch als Schwitzkammer, was von den Dienstboten gerne und zuweilen auch ausschweifend genutzt wurde. Als der Kirchenobrigkeit das Treiben zu Ohren kam, wurden die Brechelstuben bald verboten. Auf dem Weg ins Dorf zurück kommen wir auf dem Pilgerweg Via Nova an einem weiteren Brunnen vorbei, der 2005 für die Pilger aufgestellt wurde.

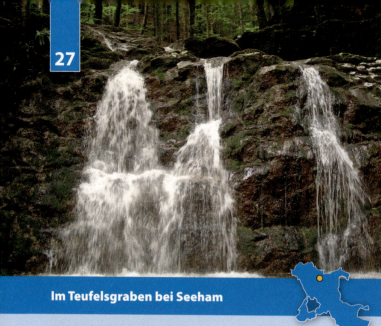

Im Teufelsgraben bei Seeham

Ein Ort für Sagen und Mythen

- **Tourcharakter:** Halbtagestour
- **Ausgangs- und Endpunkt:** Parkplatz Teufelsgraben
- **Weglänge:** 2 km
- **Gehdauer:** 4 h mit Besichtigungen
- **Höhenunterschied:** 100 hm
- **Besonderheit:** Vielfalt an Natur- und Kulturerlebnissen

Der Teufelsgraben bei Seeham ist einer jener Orte, wo sich mehrere Generationen zur gleichen Zeit wohlfühlen, weil sie alle auf ihre Rechnung kommen. Von Salzburg über Obertrum kommend fahren wir am Westufer des Obertrumer Sees entlang und biegen im Ortsteil Matzing beim Hinweisschild „Teufelsgraben" links ab. Unsere Wanderung beginnt am Parkplatz. Zuerst passieren wir den Tobelmühlhof und den Schießstand für die Bogenschützen, um gleich danach rechts zum Hochseilpark abzubiegen. Den Besuch dort heben wir uns aber für später auf. Uns interessieren auch die Schautafeln am Naturlehrpfad, die uns über die geologischen Verhältnisse rund um den Teufelsbach informieren. Besonders interessant ist, dass die Zusammensetzung des Gesteins mit dem des Steinbruchs bei St. Pankraz, vier Kilometer westlich von Nußdorf am Haunsberg, und des Schlossbergs in Mattsee identisch ist. Schon beim Lesen hören wir das Rauschen des Wildkar Wasserfalls, und wenn wir dann davor stehen, sehen wir, wie sich der Teufelsbach in zwei Kaskaden als Wildkar Wasserfall nach unten stürzt. Weiter geht es den Teufelsbach entlang zur Kugelmühle, die wiederum für Kulturinteressierte von besonderer Bedeutung ist. Bereits 1983 wurde die Mühle revitalisiert und produziert wie einst Steinkugeln, freilich für einen anderen Verwendungszweck als früher. Als im ausgehenden 18. Jahrhundert allein im Land Salzburg von knapp 50 Kugelmühlen fünf Millionen Steinkugeln hergestellt wurden, fanden diese hauptsächlich als Geschützkugeln und als Ballast für Schiffe Verwendung. Umso friedlicher ist ihre Bestimmung heute, geht es doch nur mehr um Kinderspielzeug. Am Ende des Teufelsgrabens steht die Röhrmoosmühle. Auch sie war schon jahrzehntelang stillgelegt, ehe sie Anfang 2010 wieder in Betrieb genommen wurde. Heute klappern nicht nur die Mühlräder wieder auf drei Ebenen und mahlen das Getreide der umliegenden Biobauern, es gibt darüber hinaus auch eine Ausstellung über die Verarbeitung von Getreide und die Geschichte der Mühlen. Auf dem Rückweg machen wir beim Teich noch einmal Halt, um zum Hochseilgarten abzubiegen. Groß und Klein brennen schon darauf, über sieben Parcours auf fünf Ebenen zu jonglieren.

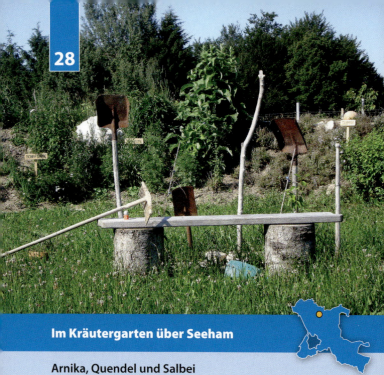

Im Kräutergarten über Seeham

Arnika, Quendel und Salbei

- **Tourcharakter:** Nachmittagsausflug
- **Ausgangs- und Endpunkt:** Seeham, Abzweigung Wiesenbergstraße
- **Weglänge:** 3,5 km
- **Gehdauer:** 3 h mit Besichtigung
- **Höhenunterschied:** 100 hm
- **Besonderheit:** Ausflug in die Welt der Kräuter (nur Montagnachmittag)

Der Thurerhof der Familie Dirnberger liegt auf einer Seehöhe von 600 Metern, also 100 Meter über Seeham, und das bedeutet, der Besucher genießt einen unbezahlbaren Blick auf das Dreiseenland. Allein dieser Logenblick ist es schon wert, sich auf den Weg dorthin zu machen. Aber es gibt noch andere gute Gründe, für den 1,5 Kilometer langen Fußweg zum Thurerhof. Claudia Dirnberger, die Hausherrin, ist TEH-Praktikerin.

Das heißt, sie beschäftigt sich mit traditioneller europäischer Heilkunst, mit Kräutern und Heilpflanzen, die in unseren Breiten wachsen und zur Vorbeugung von Erkrankungen sowie zur Behandlung zahlreicher Wehwehchen verwendet wurden und wieder verstärkt verwendet werden. Die TEH versteht sich durchaus als Pendant zur traditionellen chinesischen Medizin (TCM), wobei Kräuter auch eine wichtige Rolle spielen. Je mehr sich die TCM hierzulande ausbreitete, umso intensiver begann man, sich wieder mit der Tradition der heimischen Kräuterlehre zu befassen. Wer sich mit Heilpflanzen und Kräutern auskennt, weiß, wo und wann Quendel, Salbei, Lavendel, Petersilie, Königskerze, Baldrian und viel, viel Anderes wächst, wie es anzupflanzen ist und was es bewirkt. Dieser wertvolle Schatz an Wissen, Erfahrung und Intuition war hierzulande fast am Versiegen. Umso erfreulicher ist es, dass es Initiativen wie die der Familie Dirnberger gibt, die nicht nur Kräuter anbauen und sie dann verkaufen, sondern die auf einer geschützten Fläche nahe ihrem Hof einen Garten auf einer Fläche von 8000 Quadratmetern neu angelegt haben. Darin gibt es einen Teich, Ruheinseln, einen Erkältungshügel sowie je einen Hügel für Frauen und Männer, und nicht zu vergessen, einen Räucherplatz. So könnte auch das Ausräuchern von Räumen und ganzen Häusern oder Ställen wieder größere Bedeutung erlangen. Wer zu Hause üben will, versucht es am besten zuerst mit gerollten und getrockneten Salbeiblättern. Rund um den Garten werden in mehreren Reihen Wildobst-Hecken angelegt – nur die Südseite bleibt frei – sodass ein Mikroklima entsteht, das auch den Anbau von Permakulturen ermöglicht. Weil nur die Zeit heilt, gehört das großzügige Bemessen von Zeit und die Geduld für das Werden eines Gartens zum unbedingten Credo von Claudia Dirnberger. Sie ist keine, die drängelt, weil sie eine bestimmte Idee innerhalb einer bestimmten Zeit umgesetzt haben will. Sie lässt den Dingen, in diesem Fall den Pflanzen, die Zeit und Ruhe, die sie brauchen.

Der Garten ist für Besucher von Juni bis September immer montags von 15 bis 18 Uhr geöffnet.

Burghard Breitner

Wer Mattsee besucht, trifft an gleich mehreren Ecken auf Burghard Breitner (1884-1956). An der Ortseinfahrt fällt am Haus Salzburger Straße Nr. 19 eine Marmortafel auf, die sein Geburtshaus bezeichnet. Am nördlichen Ende des Marktplatzes biegt in Richtung Wartstein der Burghard Breitner Weg ab, und an der Seepromenade steht ein Denkmal für ihn. Wer auf der Landesstraße bleibt und vor dem Wartsteintunnel nach rechts oben schaut, blickt auf die 1884 erbaute Breitner-Villa.

Wer war dieser Mann und warum ist er im kollektiven österreichischen Gedächtnis kaum mehr präsent? Mit dem Tod Breitners am 28. März 1956 verlieren sich die Spuren des großen Arztes, Schriftstellers und Humanisten rasch unter der Staubschicht der Archive. Österreich steht im ersten Jahr nach der Besatzungszeit und ist vollauf damit beschäftigt, den Aufbau des Landes und die Stabilisierung der Zweiten Republik voranzutreiben. Parallel dazu geht es auch um das Finden und Sichern einer noch dürftigen österreichischen Identität. Wo sollte da Platz sein, um sich mit Leben und Werk einer komplexen Persönlichkeit vom Schlage Breitners ausführlich und kritisch auseinanderzusetzen, wo er noch dazu großen Abstand zum politischen Tagesgeschäft hielt. Breitner war leidenschaftlicher Militarist. Die Gefangennahme wenige Wochen nach Ausbruch des Ersten Weltkrieges und die sechsjährige Gefan-

Der Arzt im Offiziersrock

genschaft bilden zweifellos sein großes Lebensschicksal. Seine aufopferungsvolle und auch vom Feind hoch geschätzte medizinische Arbeit im Lager war für ihn allergrößte Selbstverständlichkeit und Ausdruck seiner hohen ethischen Standards, aber auch die Voraussetzung dafür, selbst überleben zu können. Bevölkerung und Medien kürten ihn nach der Rückkehr zum „Engel von Sibirien".

Nach der Volksschule in Mattsee und dem Gymnasium in Salzburg studierte Breitner in Graz, Kiel und Wien Medizin. 1932 wurde er zum Vorstand der Chirurgischen Universitätsklinik Innsbruck berufen. Als Schriftsteller debütierte Breitner bereits im Maturajahr 1901 mit dem Drama „Will's tagen", das er unter dem Pseudonym Bruno Sturm veröffentlichte. Mit diesem Debüt gelang ihm mehr als ein Achtungserfolg, weitere Stücke folgten und während der ersten Studiensemester in Graz war er am Stadttheater auch als Dramaturg tätig. Die eigenen Bühnenstücke kamen zwar an, doch der ersehnte Erfolg blieb aus. So fiel die Entscheidung für die Medizin und gegen die Literatur. Dennoch blieb er zeit seines Lebens ein homme des lettres im besten Sinne des Wortes, und wie selbstverständlich trägt die posthum erschienene Autobiografie den Titel „Hand an zwei Pflügen". Der Ehrenbürger von Mattsee und Salzburg sowie vieler weiterer Gemeinden engagierte sich schon ab 1912 für das Rettungswesen in Österreich und war von 1950 bis zu seinem Tod Präsident des Österreichischen Roten Kreuzes. Als nach dem Tod Karl Renners 1951 die erste Volkswahl zum Bundespräsidenten anstand, erklärte sich Burghard Breitner nach langem Drängen bereit, sich von einem unabhängigen Personenkomitee für die Wahl als Kandidat des VdU (Verband der Unabhängigen) aufstellen zu lassen. Obwohl er mit Ausnahme einer Radioansprache nicht in den Wahlkampf eingegriffen hatte, erreichte er einen Stimmenanteil von über 15 Prozent.

Wo die Natur zum Zuge kommt

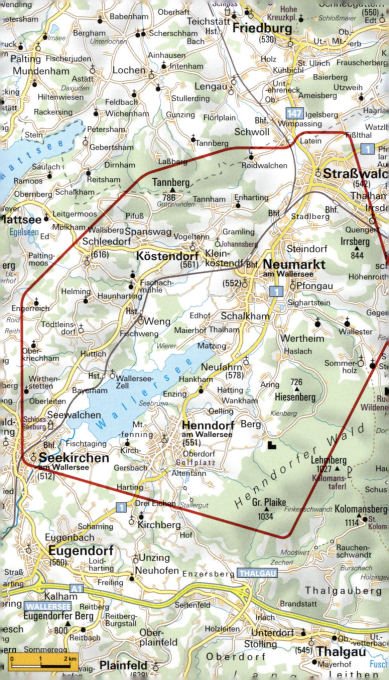

Wo die Natur zum Zug kommt

Rund um den Wallersee

Der Wallersee hat sich wieder erholt. Nicht nur das. Durch die Anhebung des Wasserspiegels wurden die früher ausgedehnten Flachuferbereiche des Sees aktiviert, was die Schaffung neuer ökologisch wichtiger Lebensräume zur Folge hatte. Vor allem geht es dabei um die Wiederbelebung der ehedem ausgedehnten Schilfflächen. Das schafft nicht nur eine natürliche Pufferzone zwischen See und Umland, sondern gibt auch der Uferlandschaft ihr unverwechselbares Erscheinungsbild zurück. Was in erster Linie eine vordringliche ökologische Notwendigkeit war, trägt erwartungsgemäß auch zur kulturellen Wiederbelebung der Orte um den See bei.

Wie die in der Nachbarschaft liegenden Seen des Dreiseenlandes Mattsee, Obertrumer See und Grabensee so ist auch der Wallersee aus einem Zweig des Salzachgletschers entstanden. Die unverwechselbaren Merkmale wie der sanfte Übergang zwischen See und Umland und die ausgedehnten Schilfgürtel sind nicht nur landschaftlich reizvoll, sondern ökologisch gesehen äußerst heikle Zonen. In den Schilfgürteln, Mooren und Streuwiesen nisten seltene Vögel wie der Wachtelkönig oder der Eisvogel, und auch seltene Schmetterlinge haben hier gute Lebensbedingungen. Wie um Mattsee, Obertrumer und Grabensee wurden auch um den Wallersee bereits in den frühen 1970er-Jahren Landschaftsschutzgebiete ausgewiesen. Hat sich dort das Abseits von den Hauptverkehrsadern als Vorteil erwiesen, war und ist die Landschaft entlang des Wallersees durch Bundesstraße 1, Westautobahn und Westbahnstrecke völlig anderen Bedingungen ausgesetzt. Mit den Städten Seekirchen und Neumarkt haben sich „Ballungsräume" und

Bedürfnisse entwickelt, die mit der äußerst sensiblen Seelandschaft über weite Strecken nur schwer in Einklang zu bringen sind. Seit die Hechte wieder laichen, darf aber optimistisch in die Zukunft geschaut werden.

Ob und in welchem Umfang Orte lebendig werden, liegt fast immer an einzelnen Menschen, an Persönlichkeiten, die zum richtigen Zeitpunkt am richtigen Ort sind. Das war auch in Henndorf nicht anders. Hier war es Caspar III. aus der Brauereidynastie Moser, Gastwirt im Bräu und Freund vieler Künstler. Von dessen Neffen Carl Mayr erwarb Carl Zuckmayer 1926 die „Wiesmühle", die bis zum Anschluss 1938 nicht nur Zuckmayers Tuskulum war, sondern ein lebendiger Ort der Begegnung und vorübergehende Heimat bedeutender Schriftsteller der Zeit: Ödön von Horvath, Franz Theodor Csokor, Alexander Lernet-Holenia, Stefan Zweig, Max Reinhardt, Franz Werfel und Thomas Mann. Mitten im Dorf steht das Geburts- und Sterbehaus des großen Mundartdichters Franz Stelzhamer, zwei Häuser weiter befindet sich das Geburtshaus von Johannes Freumbichler, dem Großvater von Thomas Bernhard. Die Adaptierung des Hauses zum geplanten Henndorfer Literaturhaus ist in die Wege geleitet. Seit die Verkehrslage in Henndorf entschärft ist, beginnt der Ort auch wieder zu atmen und zu leben.

Die Stadterhebung von Seekirchen am 24. September 2000, dem Tag des heiligen Rupert, des Salzburger Landespatrons, war selbstverständlich auch als Reverenz an ihn gedacht. Er war als Bischof von Worms mit einem Missionierungsauftrag in der Tasche an den Wallersee gekommen und hatte an der Stelle, wo heute die Fischach den See verlässt, eine Kirche errichten lassen. Urkundlich belegt, wurde hier 696 n. Ch. die erste Kirche im Land Salzburg errichtet, und es darf angenommen werden, dass es sich dabei sogar um die erste Kirche in Österreich gehandelt hat. Was auch nur wenige wissen, der Pfarrer von Seekirchen ist gleichzeitig Propst des gleichnamigen Kollegiatstifts, das 1679 gegründet, mehrmals aufgelassen und

1996 letztmals wieder gegründet wurde. Heute setzt sich das Kapitel aus dem Propst, sechs Kapitular- und drei Ehrenkanonikern zusammen, die zweimal im Jahr zusammenkommen, um die wesentlichen Dinge zu besprechen.

Neumarkt am Wallersee ist wie Seekirchen und Oberndorf mit zehn Jahren eine sehr junge Stadt, die ihre ursprüngliche Gründung der Randlage innerhalb des Erzbistums verdankt. Fürsterzbischof Eberhard II. ließ Neumarkt als Novum Forum Mitte des 13. Jahrhunderts zur Absicherung der Nordgrenze errichten. Großzügig mit Privilegien ausgestattet, entwickelte sich die Ansiedlung rasch zu einer wirtschaftlichen Drehscheibe. Im 17. Jahrhundert ließen die Fürsterzbischöfe Wolf Dietrich von Raitenau und Paris Graf Lodron Neumarkt zu einer Grenzbastion ausbauen. Kein Geringerer als der Salzburger Dombaumeister Santino Solari wurde mit dem Bau der Kirchhofbefestigung beauftragt.

Die mild hügelige Landschaft um den Wallersee empfiehlt sich bestens für Wanderungen und kleinere Touren, sei es ins renaturierte Wenger Moor oder hinauf nach Sommerholz. Das Biodorf Schleedorf liegt an der Grenze zwischen Wallersee- und Mattseebecken. Es ist die Fischach, die die Verbindung herstellt. Als Abfluss der Egelseen, die ursprünglich auch Teil des großen umfassenden Mattsees waren, durchfließt sie den Wallersee und mündet bei Bergheim in die Salzach. Schleedorf ist eine kleine Gemeinde, umso größer tritt sie vorbildhaft in Erscheinung, wenn es darum geht, einen Ort energieautark zu organisieren und damit fit für die Zukunft zu machen.

29

Wallersee und Große Plaike

Wallerseerundweg und Neumarkt (Tag 1)

- **Tourcharakter:** Zweitagestour – Radwanderung 🚲
- **Ausgangs- und Endpunkt:** Strandbad Seekirchen
- **Weglänge:** 28 km
- **Fahrdauer:** 6 h mit Aufenthalten
- **Höhenunterschied:** 150 hm
- **Besonderheit:** An der Strecke liegen mehrere Strandbäder

Wir beginnen unsere Fahrradtour beim Strandbad in Seekirchen und fahren von dort in nördlicher Richtung nach Zell. Danach lassen wir den Campingplatz links liegen, überqueren den Schönbach und radeln am Rande des Naturschutzgebietes Wenger Moor. Wo der Altbach zum See fließt, kommen wir am weitesten in das Moor hinein. Dort steht auch die Aussichtsplattform, von wo aus man sich einen guten Überblick über das Moor machen kann. Nach der Aussichtsplattform geht es zuerst in nördlicher Richtung weiter, um dann bei Weng einen Knick nach Süden zu machen. Wir durchqueren das Moor noch einmal in seiner ganzen Breite und fahren dabei über den Wallerbach und weiter zum Wiererhof. Hier empfiehlt es sich, wieder eine Pause einzulegen, um den schönen Blick auf den Wallersee zu genießen. Anschließend fahren wir wieder auf asphaltierter Strecke. Bei der Siedlung Maierhof verlassen wir den ausgeschilderten Wallerseerundweg und fahren über Edhof nach Neumarkt. Die älteste Marktgemeinde des Flachgaus ist seit zehn Jahren Stadt und ein wichtiges Handels-, Verwaltungs- und Schulzentrum. Über die bis in die Jungsteinzeit zurückreichende Geschichte informiert das Museum in der Fronfeste. Einer der Schwerpunkte ist dabei die Römersiedlung Tarnantone an der römischen Reichsstraße von Juvavum, dem heutigen Salzburg, bis Wels, das zur Römerzeit Ovilava hieß. Vom Museum in der Fronfeste weg orientieren wir uns an der Beschilderung „Seenland-Rundweg", auf dem wir bis Haslach bleiben, wo wir auf die Zuckmayer-Route stoßen und in südlicher Richtung, vorbei am Parkplatz Jagahäusl fahren, bis wir zum Schiembach kommen. Dort biegen wir scharf rechts ab und fahren weiter in Richtung See. In Seebrunn halten wir uns ein weiteres Mal links, um am Ufer entlang über Mitterfenning, Kirchfenning und Schacht nach Fischtagging zu gelangen, wo Carl Zuckmayer gerne beim Taggingerwirt einkehrte. Eine Tafel erinnert den heutigen Besucher an den Dichter als Stammgast, der die Umgebung von Henndorf in seiner Autobiografie „Als wär's ein Stück von mir" in dem Kapitel „Einmal gelebt im Paradiese" ebenso eindringlich wie verklärend beschrieben hat.

30

Wallersee und Große Plaike

Große Plaike (Tag 2)

- **Tourcharakter:** Zweitagestour
- **Ausgangspunkt:** Richard Mayer-Allee, Henndorf am Wallersee
- **Endpunkt:** Gut Aiderbichl
- **Weglänge:** 12 km
- **Gehdauer:** 4 h
- **Höhenunterschied:** 500 hm
- **Besonderheit:** Eiszeit-Rundwanderweg

Wir starten unsere Wanderung zu Fuß hinauf zur Großen Plaike und Ruine Lichtentann in der Richard-Mayer-Allee gegenüber vom Gasthof Bräu. Zuerst führt uns der Weg zum Gut Aiderbichl, wofür wir nach dem Recyclinghof und vor dem Golfplatz links abbiegen.

Wir setzen unseren Weg fort und biegen bei den ersten Häusern in der Ortschaft Graben nach links ab. Nach der Überquerung eines Baches halten wir uns links und stoßen damit auf den „Eiszeitrundweg", der gesondert ausgeschildert und anhand von 22 Schautafeln beschrieben ist. Sie informieren über die geologischen Besonderheiten der Gegend, die durch einen Zweig des Salzachgletschers geformt wurde. Jetzt geht es parallel zum Bach ziemlich rasch bergan. Nach dreimaligem Überqueren breiter Forstwege halten wir uns links und kommen so zum steil abfallenden Steinwandl. Zeit und guter Anlass zum Rasten, denn auf einer der Schautafeln werden wir über den Salzachgletscher informiert. Nach weiteren zehn Minuten Gehzeit erreichen wir die Große Plaike, die auf 1084 m liegt. Auf diesem Weg kommen wir an der Tafel „Thalgaublick" vorbei, an der wir die grandiose Aussicht in Richtung der Berchtesgadener Berge genießen können. Auf dem Weiterweg zur Ruine Lichtentann geht es steil bergab, und wir haben zwei Forstwege zu überqueren. Die ehemalige Burg Lichtentann wurde wie Altentann von dem Salzburger Adelsgeschlecht der Herren von Tann aus Muntigl bei Bergheim im 13. Jahrhundert errichtet. Nach sich lange hinziehenden Auseinandersetzungen mussten die Burgen jedoch dem regierenden Fürsterzbischof übergeben werden, der dort Pfleger installierte. Nach dem Brand der Burg Altentann im Jahre 1680 zog der Pfleger in ein Gebäude in Neumarkt, in dem auch heute noch das Bezirksgericht untergebracht ist.

Nach einer kurzen Strecke durch den Wald biegen wir bei der nächsten Gelegenheit links ab und gehen bis Graben und von dort zum Gut Aiderbichl, wo schon die Tiere auf uns warten (siehe Seite 150).

31

Der Literatur auf der Spur

Bei Zuckmayer, Freumbichler und Stelzhamer

- **Tourcharakter:** Radwanderung 🚴
- **Ausgangs- und Endpunkt:** Freumbichler Haus, Henndorf am Wallersee
- **Weglänge:** 1,5 km
- **Gehdauer:** 1 h
- **Besonderheit:** Kontrast zwischen gestern und heute

Wir befinden uns in Henndorf in der Franz-Stelzhamer-Straße Nr. 10, vor dem Haus, in dem am 22. Oktober 1881 Johannes Freumbichler geboren wurde. Zwei Hausnummern entfernt steht das Wohn- und Sterbehaus von Franz Stelzhamer (1802–1874), Österreichs bekanntestem Mundartdichter. Freumbichlers Lebenswunsch war es, ein berühmter Schriftsteller zu werden. Mit dem 1937 erschienenen Roman „Philomena Ellenhub" ist ihm das auch fast gelungen, erhielt er dafür doch den Förderungspreis des Österreichischen Staatspreises. Bekannt und „berühmt" wurde Freumbichler aber erst durch seinen Enkel Thomas Bernhard. Wir gehen vom Freumbichler-Haus, aus dem das Henndorfer Literaturhaus werden soll, bis zur Hauptstraße, biegen in diese links ein und spazieren dann weiter bis zum Gasthof Bräu, in dem Ödön von Horvath große Teile seines Romans „Jugend ohne Gott" schrieb. Auf der Rückseite des Parkplatzes vom Bräugasthof steigen wir an der Bibliothek vorbei die Treppe hinunter und halten uns rechts. Auf dem Zuckmayerweg gehen wir bis zur Hausnummer 23, der Wiesmühl.

1937 war die Welt hier noch intakt. Carl Zuckmayer hatte das Anwesen, in dem die Familie von 1933–1938 ständig wohnte, 1926 aus den Tantiemen-Erlösen seines Stücks „Der fröhliche Weinberg" erworben. Freumbichler, der um diese Zeit mit seiner Lebensgefährtin Anna Bernhard (1878–1965) und dem Enkel Thomas in Seekirchen am Wallersee wohnte, war mit den Zuckmayers sehr gut befreundet. Beide, Alice wie Carl, lobten seinen „Salzburger Bauernroman", so der Untertitel, über den grünen Klee. Auch finanziell unterstützten sie ihn – aber nicht nur das. Alice Herdan-Zuckmayer redigierte das 1000 Seiten umfassende Manuskript des Romans, der das Leben von Freumbichlers Mutter als Magd zum Inhalt hat, auf lesbare 500 Seiten. Die heutigen Bewohner der Wiesmühl, das Hamburger Ehepaar von Schöning, engagieren sich auch in dem Trägerverein zur Etablierung des Literaturhauses, das Henndorf ebenso guttäte wie der Literaturvermittlung auf dem Land. Wie sehr Zuckmayer mit Henndorf und insbesondere mit der Wiesmühl verbunden und verwachsen war, lässt sich in seiner 1966 erschienenen Autobiografie „Als wär's ein Stück von mir" und in dem schmalen Bändchen „Henndorfer Pastorale", nachlesen. Dieser Text entstand nach Zuckmayers Salzburg-Aufenthalt im Sommer 1970, als er eingeladen war, die Eröffnungsrede zu den Salzburger Festspielen zu halten. Sein Thema damals war „Die musische Bestimmung des Menschen".

Wir setzen unseren kleinen Spaziergang fort und halten uns nach der Wiesmühl links. Auf einem schmalen Wiesenweg geht es bis zum zukünftigen Henndorfer Literaturhaus zurück.

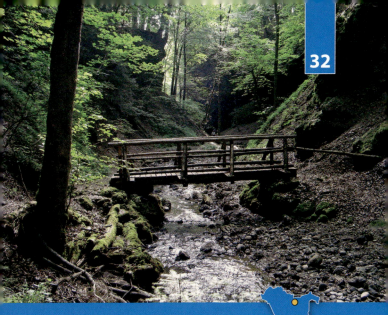

32

Tannberg, Tiefsteinklamm und Schleedorf

Von der Aussicht in die Schlucht

- **Tourcharakter:** Tagestour
- **Ausgangs- und Endpunkt:** Dorfplatz Schleedorf
- **Weglänge:** 12,5 km
- **Gehdauer:** 6 h mit Besichtigungen
- **Höhenunterschied:** 270 hm
- **Besonderheit:** Kontrast zwischen Aussicht und Klamm-Abenteuer

Ausgangspunkt dieser Tagestour ist Schleedorf, das wir in Richtung Köstendorf verlassen. Gleich nach dem Ort biegen wir links in Richtung Wallsberg ab. Ehe wir das Waldstück erreichen, gehen wir durch die Siedlung Wallsberg. Weiterer Richtungsgeber ist das Hinweisschild „Tannbergwirt".

Bis wir unser Ziel erreicht haben, geht es abwechselnd an Höfen vorbei und durch den Wald. Mit zunehmender Höhe weitet sich der Blick, der von der Terrasse des Tannbergwirts bis zu den Spitzen und Kämmen der Osterhorngruppe, des Tennengebirges und der Berchtesgadener Alpen reicht.

Hinunter geht's dann über Gottswinden und Spanswag, wobei wir uns in der Siedlung Spanswag rechts halten, anschließend die Landesstraße überqueren und dann wiederum rechts in Richtung Tiefsteinklamm gehen. Das Programm dieses Tages könnte nicht kontrastreicher sein. Zuerst auf 786 m der weite nach Süden gerichtete Blick, dann die Enge in der Klamm, die das Licht nur punktuell durchlässt. Es ist die Fischach, die sich hier von den Egelseen zum Wallersee den Weg gebahnt und mächtige Nagelfluhfelsen umspült und ausgespült hat.

Nach dem erfrischend feuchten Besuch in der Klamm wandern wir nach zurück. Das „Schaudorf" ist zurzeit wieder damit beschäftigt, die schon einmal eingenommene Vorreiterrolle in zeitgemäßer Ausrichtung dörflichen Lebens weiter zu vertiefen. Ein besonders wichtiges Thema ist dabei die autarke Energieversorgung.

Franz-Braumann-Literaturpfad in Köstendorf

Köstendorf stellt seinen Dichter vor

- **Tourcharakter:** Nachmittagsausflug
- **Ausgangs- und Endpunkt:** Dorfplatz Köstendorf
- **Weglänge:** 3,6 km
- **Gehdauer:** 1,5 Stunden
- **Höhenunterschied:** 110 m
- **Besonderheit:** Literatur-Lehrpfad mit Informationstafeln

Der im Mai 2010 eröffnete Franz-Braumann-Literaturpfad beginnt dort, wo der sehr emsige und weit über Österreichs Grenzen hinaus bekannte Schriftsteller viele Jahre als Lehrer tätig war – bei der ehemaligen Volksschule Köstendorf. Heute ist in dem Gebäude das Gemeindeamt untergebracht. Franz Braumann wurde am 2. Dezember 1910 in Seekirchen, im Ortsteil Huttich, nahe an der Grenze zu Köstendorf geboren. Der Bauernsohn erlernte zuerst den Beruf des Zimmermanns, um dann ab 1932 die Salzburger Lehrerbildungsanstalt zu besuchen. Viel wichtiger als alles andere war ihm das Lesen und

Schreiben. Schon bevor er sich zum Lehrer ausbilden ließ, war sein erster Roman unter dem Titel „Friedl und Vroni" erschienen, und auch der erste Beitrag für den Salzburger Bauernkalender wurde bereits 1931 veröffentlicht. Braumann war ein Schriftsteller von erstaunlicher Schaffenskraft und breitem Spektrum, was die verschiedenen Genres und Textformen betrifft. Er war Lyriker, Prosaist, Biograf, Dramatiker und Reiseschriftsteller und, nicht zu vergessen, auch Jugendbuch-Autor.

Um den Schriftsteller Franz Braumann (wieder) kennenzulernen, hat sich die Gemeinde Köstendorf neben anderen Formen der Ehrung anlässlich des 100. Geburtstages ihres Ehrenbürgers dazu entschieden, einen Franz-Braumann-Literaturpfad anzulegen. Damit will man das Werk Franz Braumanns lebendig erhalten und gleichzeitig daran erinnern, dass der Schriftsteller viele Jahre lang tagein, tagaus diesen Weg gegangen ist. Für ihn war der Weg die Ausläufer des Tannbergs hinauf und weiter durch den Wald Quelle der Inspiration und Therapie für den Körper gleichermaßen. Auf dem knapp vier Kilometer langen Pfad sind zwölf Tafeln aufgestellt, die Braumann mit Textbeispielen verschiedener Literaturgattungen aus seinem Gesamtwerk porträtieren.

Wir beginnen unseren Weg am Dorfplatz beim Dorfbrunnen, wo die erste Tafel angebracht ist, und gehen wie einst der Schriftsteller auch in östlicher Richtung den Ausläufer des Tannbergs hinauf. Die nächste Tafel steht an der Kreuzung Kirchenstraße/Matthäus-Wieder-Straße und hat das biografische Schaffen Braumanns zum Thema, insbesondere seine Arbeit über Wilhelm Raiffeisen, die in viele Sprachen übersetzt wurde. Wo die Kirchenstraße auf die Hochwiesenstraße stößt, die zugleich ein Abschnitt der Via Nova ist, geht es um religiöse Themen, und noch einmal hundert Meter weiter – wir sind einen kurzen Weg über eine Wiese gegangen – kommt der Reiseschriftsteller Braumann zu Wort. Mittlerweile sind wir im Wald und wandern etwa auf die halbe Höhe des Tannbergs hinauf. Die 6. Tafel ist Braumanns Tätigkeit als Romanschriftsteller gewidmet, insbesondere dem Roman „Gotteswinden". Weiter geht es in südlicher Richtung durch einen Teil des Waldes, wo bei Ausgrabungen Hinweise auf Keltengräber gefunden wurden. Bevor der Weg uns wieder abwärts führt, lassen wir uns noch über die Sage „Die Wildfrauen in der Tiefsteinklamm" informieren. Die nächsten Tafeln sind den Themen Geschichte und Erzählungen gewidmet. Wieder auf der Hochwiesenstraße angekommen, gehen wir links, bis wir auf die Kohlbauernstraße stoßen. An der Kreuzung befindet sich die Tafel zum Thema Lyrik. Hier finden wir Braumanns Gedicht „Jener Morgen" abgedruckt und daneben eine von einem Schüler in heutiger Sprache nachgedichtete Version. Wir gehen die Kohlbauernstraße hinunter und kommen zum Heimatmuseum, in dem im oberen Stockwerk ein Raum eingerichtet wird, in dem alle Werke Franz Braumanns, es sind allein über 100 Bücher, ausgestellt werden. Dann biegen wir in den Hesselbachweg ein und kommen, ehe wir vor Braumanns Wohnhaus zu stehen kommen, zur letzten Tafel, die seine Arbeit als Autor beim Salzburger Bauernkalender würdigt. Die erste Geschichte wurde 1931 veröffentlicht. Danach folgte eine über 70-jährige Zusammenarbeit mit dem Salzburger Bauernkalender. Da die meisten Werke Braumanns zurzeit nicht im Buchhandel erhältlich sind, hat sich der Verlag Anton Pustet entschieden, ein illustriertes Lesebuch, für das Franz Braumanns Sohn Christoph die Auswahl getroffen hat, herauszubringen. Der Titel lautet: „Eine Heimat am See" – gemeint ist freilich die Landschaft am und um den Wallersee.

34

Von Sighartstein nach Sommerholz

Der Flachgau in seiner Ursprünglichkeit

- **Tourcharakter:** Halbtagestour
- **Ausgangs- und Endpunkt:** Schloss Sighartstein, Neumarkt am Wallersee
- **Weglänge:** 12 km
- **Gehdauer:** 4 h
- **Höhenunterschied:** 250 hm
- **Besonderheit:** Schöne Aussicht mit Blick auf den Irrsee

Ausgangspunkt dieser Wanderung ist der Schlossgasthof Sighartstein, der unterhalb des Schlosses liegt und als Schlosstaverne lange mit ihm verbunden war. Die Ursprünge Schloss Sighartsteins reichen bis an das Ende des 13. Jahrhunderts zurück. Ab Mitte des 15. Jahrhunderts war es an die Innviertler Familie Uiberacker entliehen, die es später ins Eigentum übernehmen konnte. Unter Wolf Max Uiberacker, Generalfeldmeister im Spanischen Erbfolgekrieg, bekam das Schloss das barocke Aussehen. Es blieb bis zum Aussterben der Familie

Uiberacker 1964, die als ältestes Salzburger Landadelsgeschlecht gilt, im Familienbesitz. Wir gehen links vom Schlossgasthof in Richtung Pfongau und biegen an dem kleinen See zur Linken rechts ab in Richtung Sommerholz. Wenn wir an der Gärtnerei vorbeikommen, richten wir unsere Aufmerksamkeit auf die links vom Weg stehende Skulptur „Stille" des jungen Architekten und Künstlers Matthias Würfel. Die 2009 aufgestellte Skulptur sieht der Künstler als Hinweis auf die Urkraft der Natur. Sie ist es, die, vom Menschen meist unbeobachtet, in Stille die Fäden zieht. An der nächsten Weggabelung halten wir uns rechts, und von da an geht's richtig bergauf. In der kleinen Ansiedlung Brunnkehrer gehen wir geradeaus bis zum Karlbauer und biegen dort links zur Kirche ab. Sommerholz liegt auf 775 m und ist damit der höchstgelegene Ortsteil von Neumarkt. Der See, auf den wir schauen, ist nicht wie häufig angenommen der Wallersee, sondern der Irrsee, auch Zellersee genannt, der bereits auf oberösterreichischem Boden liegt. Es ist die außergewöhnliche Lage auf einer milden Kuppe, die Sommerholz das Flair des Besonderen gibt, dem offensichtlich auch Fürsterzbischof Hieronymus Graf Colloredo erlag, der hier ein Vikariat und eine Schule errichten lassen wollte. Allein es blieb beim Plan, denn es fehlte wie so oft an den nötigen finanziellen Mitteln. Barbara Rütting, die bekannte Schauspielerin, Autorin und grüne Politikerin war hier eine Zeit lang zu Hause, und der Schriftsteller und Mediziner Harald Kollegger fand hier das passende Ambiente für seinen Kriminalroman „Sommerholz" mit Donald Etsch, dem gelernten Hostienbäcker, als Hauptfigur.

Ein Blick in die dem heiligen Georg geweihte Filialkirche ist vor allem für Kunstliebhaber ein unbedingtes Muss. Der von Jakob Gerold geschaffene Hochaltar aus dem Jahr 1675 darf zu den kunsthistorisch bedeutendsten Werken im Flachgau gezählt werden, ebenso die 1723 von Paul Mödlhammer geschaffene Kanzelfigur „Jesus als guter Hirte". Alle zwei (ungeraden) Jahre findet um die beliebte Wallfahrtskirche ein Georgiritt statt. Auf einer kleinen Straße gehen wir nach Sighartstein zurück.

Eine Runde durch das Wenger Moor

Auf Tuchfühlung mit Wunder Natur

- **Tourcharakter:** Nachmittagsausflug
- **Ausgangs- und Endpunkt:** Stadtzentrum, Neumarkt am Wallersee
- **Weglänge:** 4,5 km
- **Gehdauer:** 2 h
- **Besonderheit:** Imposante Moorlandschaft

Die Zeiten, als der Wallersee nach Jauche stank und dem „Stinkgau" alle Ehre machte, sind endgültig vorbei. Am Wenger Moor lässt sich auf beeindruckende Art und Weise nachvollziehen, wie umfassend Natur sich erholen kann, wenn der Mensch bereit ist, Fehler zu korrigieren. Das Moor wurde 1973 unter Naturschutz gestellt und gleichzeitig mit der Renaturierung begonnen. Insbesondere wurde das Moor wieder vernässt und 1995 als „Natura 2000"-Gebiet ausgewiesen. In den Jahren 1999 bis 2004 wurden in einem auch von der EU geförderten LIFE-Projekt Sicherungsmaßnahmen durchgeführt, um gefährdete moortypische Tier- und Pflanzenarten sowie ihre Lebensräume langfristig zu schützen. Mittlerweile zählen die lebenden Hochmoore des Wenger Moores zu prioritären Lebensräumen und der dort vorkommende Wachtelkönig zu prioritären Arten. Ihrer Erhaltung kommt in der Europäischen Union eine besondere Bedeutung zu.

Das alles und viel mehr erfahren wir auf Informationstafeln an den beiden Hauptzugängen. Wir haben uns vom Stadtzentrum aus über Edhof und Maierhof in Richtung Weng auf den Weg gemacht. Vor Weng ist ein Rundweg ausgeschildert, der auch zu einem Aussichtsturm führt. Interessant ist das Moor zu jeder Jahreszeit, allein schon wegen der Ruhe, die von dieser Landschaft ausgeht. Die im Moor aufgestellten Kunstobjekte sind aus Naturmaterialien, die vor Ort gefunden wurden, gefertigt. Der Seekirchner Kulturverein KunstBox unter dem Vorsitz von Leo Fellinger hat 2007 das Programm „Kunst/Raum/Natur" gestartet. Das in Hannover ansässige Atelier Landart und der Seekirchner Objektkünstler Hans Schmidt wurden eingeladen, das Spannungsverhältnis zwischen Mensch, Natur und Kunst in eine künstlerische Form zu bringen. Die dabei entstandenen Landart-Installationen sollen bei den Besuchern des Moores zu erhöhter Aufmerksamkeit einer Landschaft gegenüber führen, die durch zivilisatorische Einflüsse weitgehend zerstört worden war, ehe ihr der Mensch wieder die Chance zur Erholung gab. Auch wir kehren mit vielen Gedanken zum Umgang mit der Natur nach Neumarkt zurück.

Tierglück auf Gut Aiderbichl

Richie empfängt uns auf der Verandabrüstung, und wir können das Federkleid des stolzen Pfaus aus nächster Nähe betrachten. Als ihm die Aufmerksamkeit zu viel wird, zieht er sich auf den Balkon über uns zurück. Dass es kurz danach platscht und wir nur um Haaresbreite von seiner Notdurft verschont werden, soll nicht unerwähnt bleiben, vor allem auch deshalb, weil das bekanntlich Glück bedeutet. Von Glück ist auf Gut Aiderbichl überhaupt viel zu spüren, ohne dass darüber geredet wird. Gut Aiderbichl bedeutet Glück für insgesamt 1500 Tiere, die auf verschiedenen Höfen in und um Aiderbichl, in Kärnten, im bayerischen Deggendorf und in Frankreich aufgenommen und versorgt werden. Aiderbichl berührt vor allem deshalb, weil die geschundene Kreatur hier ein Zuhause findet, Unterschlupf und Zuspruch: der alte Muli aus Griechenland, der zum Sterben in unwirtlicher Gegend ausgesetzt wurde, der Stier, der auf dem Weg in den Schlachthof in Bergheim ausbrach und durch die Salzach schwamm, das stolze Rennpferd, das nicht mehr genug einbrachte, und Wildschwein Basti, der bei

Michael Aufhauser und das Tier als Mitgeschöpf

einer Treibjagd im Waldviertel Reißaus nahm und sich auf dem Gut der Nachkommen der Friedensnobelpreisträgerin Berta von Suttner versteckte. Ihr Credo „Die Waffen nieder!" hat Basti das Leben gerettet. Und nicht zu vergessen Hummel, das Pony, das neugierig zu uns auf die Veranda kommt, und noch neugieriger im Haus verschwindet. Alle Tiere sind deshalb in der Obhut von Gut Aiderbichl, weil sie von Menschen ausgebeutet, gequält und verstoßen wurden, weil sie als Sache behandelt wurden, was das Tier im Bewusstsein großer Bevölkerungsteile nach wie vor ist.

Noch bevor das Österreichische Bundes-Tierschutzgesetz 2005 in Kraft getreten ist, wurde in der Salzburger Landesverfassung als erster und bisher einziger in Österreich der Schutz des Tieres als fühlendem Mitgeschöpf verankert. Dieses Gesetz hat den Schutzgedanken erheblich, wenn auch nicht ausreichend, ausgeweitet.

Hinter der Initiative stand auch Michael Aufhauser, der Gründer und Spiritus Rector von Gut Aiderbichl. Dem 1952 in Augs-

Tierglück auf Gut Aiderbichl

burg geborenen Millionärssohn war es nicht in die Wiege gelegt, fünfzig Jahre später Gnadenhöfe für geschundene, unerwünschte und dem Tod ausgesetzte Tiere zu schaffen und zu erhalten. Ohne Parallelen mit dem Apostel Paulus und dem heiligen Franz von Assisi, jenen Köpfen des christlichen Abendlandes herzustellen, die für die jederzeit mögliche Umkehr zu einem von Sinn erfüllten Leben stehen, hatte doch auch Michael Aufhauser, der ebenso verwöhnte wie fordernd-anspruchsvolle Mann, so etwas wie ein Damaskus-Erlebnis. Es war in Lima, der Hauptstadt Perus, wo er zum ersten Mal in seinem Leben mit Armut und Not konfrontiert wurde. Das Bild der Kinder, die Nacht für Nacht auf bloßem, kalten Beton schlafen müssen und denen als Schlafunterlage nichts als ein Stück Pappkarton zur Verfügung steht, ging ihm nicht mehr aus dem Kopf und öffnete ihm die Augen für die Wirklichkeit.

Dass er sich für Tiere zu engagieren begann, hatte seinen Grund in einem Erlebnis in Mallorca, als er erfuhr, wie frei herumlaufende Hunde eingefangen und industriell getötet wer-

den. Danach bedurfte es nur noch weniger Überlegungen, bis im Jahr 2000 Gut Aiderbichl gegründet wurde.
Gut Aiderbichl ist täglich für Besucher geöffnet und von Henndorf aus gut zu erreichen. Wir empfehlen einen Familienausflug mit dem Rad, weil damit leichter zusätzlich einige Außenhöfe rund um Aiderbichl besucht werden können. Nebenbei lässt sich die reizvolle Landschaft genießen. Nach dem Besuch auf Gut Aiderbichl halten wir uns auf der Zuckmayer-Route rechts und kommen nach ein paar hundert Metern zum B-Stall des Aiderbichl-Schroffnerguts, in dem besonders unruhige Tiere gehalten werden, bis sie leichter zu integrieren sind. Weiter geht es dann zum Firlinger Aiderbichl-Hof, auf dem Stiere und Ochsen untergebracht sind. Ein dritter Hof ist der Hausenbauer der Familie Köllersberger im Ortsteil Harting. Dort werden besonders Mädchenherzen höher schlagen, denn hier haben, wo früher Milchkühe gehalten wurden, über 30 Pferde ein neues Zuhause gefunden.

Mehr Wasser als Salz

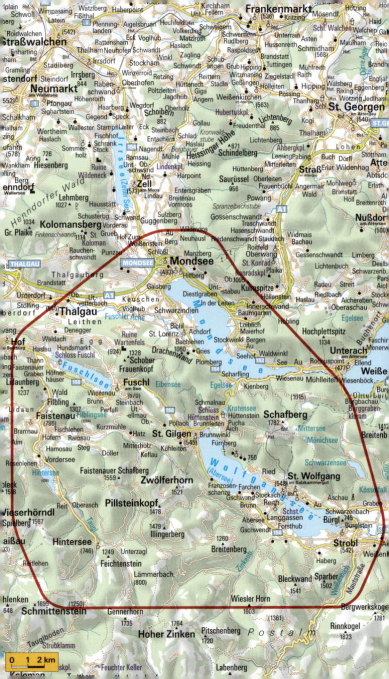

Mehr Wasser als Salz

Im Salzburger Salzkammergut

Für Touristiker beginnt das Salzkammergut kurz nach der Stadtgrenze von Salzburg, weil sich Regionen besser verkaufen lassen als einzelne Orte. Im Falle des Salzkammerguts trifft das sicherlich zu, und wer von den Tourismusmanagern möchte nicht unter der Dachmarke Salzkammergut Schutz finden und gute Geschäfte machen. Die ursprünglichen Kammergüter, deren finanzielle Ausbeute in die Kassen der Habsburger floss, lagen in Altaussee und Gmunden, und hatten mit Salzburg insofern zu tun, als der wirtschaftliche Aufstieg der Kammergüter den wirtschaftlichen Niedergang des Fürsterzbistums zur Folge hatte. Tauschgeschäfte waren der Grund, warum Salzburg überhaupt in den Besitz des östlichen Wolfgangsees kam. Dieser Salzburger Anteil des über Jahrhunderte verwachsenen Gestrüpps aus salziger Eigenständigkeit und gepflegter Tradition samt Loden und Gamsbart beträgt etwa zwölf Prozent dessen, was regional unter Salzkammergut subsumiert wird. Das alles ist längst Geschichte und Stoff für die Museen in den ehemaligen Kammergütern. Spätestens, wenn man die Gemeinde Hof und die Abfahrt nach Faistenau passiert hat und man linker Hand das Funkeln des Fuschlsees sieht, liegt eine Ahnung von dem in der Luft, was das Salzkammergut auch heute noch ausmacht und wofür es geschätzt wird. Es ist eine unnachahmliche Mischung aus Seen, Flüssen und Wäldern mit der typischen Architektur, entstanden aus der Vermählung der urbanen Villa mit dem Bauernhaus und ausgerichtet auf die unmittelbare Lage am See. Hier präsentiert sich eine Landschaft, die mit der des übrigen Flachgaus wenig zu tun hat. Hier ist das Auf und Ab eher zuhause als das Hin und Her, sehen wir von den Booten und Plätten auf den Seen einmal ab.

Ohne nicht in der Faistenau gewesen zu sein, sollte es kein Weiter nach Fuschl und St. Gilgen geben. Die sich auf einem Hochplateau erstreckende Gemeinde findet den höchsten Punkt mit beachtlichen 788 Metern Seehöhe auf einem Moränenendhügel. Dort befindet sich zugleich der Ortskern mit der Kirche und einer sehr stattlichen Linde. Über ihr Alter gehen die Schätzungen auseinander, nachprüfbar sind jedoch die Maße. Im Umfang misst sie neun Meter, in der Höhe gut 20. Faistenau ist die am höchsten gelegene Gemeinde des Flachgaus und ein „Schneeloch", wie man gerne sagt. Langläufer und Skater wissen, was sie an dem insgesamt 55 Kilometer langen Loipennetz haben. Im Sommer empfehlen wir die Fahrt von Faistenau nach Fuschl über Tiefbrunnau. Nach etwa neun Kilometern kommt man beim Firmensitz von Red Bull wieder auf die Wolfgangsee-Bundesstraße, um danach gleich in den Ort Fuschl abzubiegen. Weil der Fuschlsee zu einem der fünf Hofküchenseen erklärt wurde, war es über lange Zeit ein kleines Fischerdorf. Sehr viel größer ist Fuschl auch heute noch nicht. Zum Ausbreiten fehlt es an Platz zwischen Berg und Wasser, wenngleich ein paar Hotels den Ort adeln und den Reiz des Sees auch im Winter zu nutzen wissen.

Spätestens dann, wenn man die Liste mit den Persönlichkeiten, die als Sommergäste nach St. Gilgen und Strobl kamen, liest, weiß man, dass das wirkliche Salzkammergut nicht mehr weit sein kann. Der Gründerzeit-Boom ließ ebenso repräsentative wie idyllische Sommersitze entstehen, die in der Zeit des Nationalsozialismus bei NS-Funktionären und deren Protegés heiß begehrt waren. Neben hoch angesehenen Medizinern wie Theodor Billroth waren es vor allem Industrielle, etwa die Wiener Familie Deutsch, deren Villen oft Zentrum des gesellschaftlichen Sommertheaters waren. Auch der Zoologe Karl Frisch und Joseph Victor von Scheffel, Schriftsteller sowie Vordenker und Formulierer deutschen Nationalbewusstseins, hatten ihre Sommersitze am Wolfgangsee. Scheffels größter Verehrer in Österreich und Initiator des österreichischen Scheffelbundes war der in Mattsee ansässige Anton Breitner.

Weitere Schriftsteller von Rang, deren Werke auch heute noch gerne gelesen werden, waren Marie von Ebner-Eschenbach, Leo Perutz und Richard Beer-Hofmann, um nur einige zu nennen. Im Bereich der bildenden Kunst war die Zinkenbacher Malerkolonie tonangebend. Ihr gehörten unter anderen Ferdinand Kitt, Leo Delitz, Sergius Pauser, Ernst Hubert und der Münchner Trotzkist Ernst Toller an.

Wenn vom Flachgau die Rede ist, darf auch Thalgau nicht fehlen. Weil Touristiker, wie bereits angedeutet, beim Ziehen von Grenzen großzügig sind, wird auch der 1975 zum Markt erhobene Ort bereits dem Salzkammergut zugeschlagen. Die Thalgauer, so selbstbewusst wie umweltbewusst, sprechen eher vom Tor zum Salzkammergut, was wiederum zutreffend ist. Die Ursprünge der 18 Kilometer südöstlich von Salzburg liegenden und an Mondsee grenzenden Siedlung reichen jedenfalls bis in die späte Römerzeit zurück, und im Arnonischen Güterverzeichnis von 788 n. Chr. ist der Name „Talgove" erstmals urkundlich erwähnt. Drachenwand und Schober, aber auch der Kolomansberg laden zu Ausflügen sowie Wander- und Radtouren förmlich ein.

Am Wolfgangsee – zwischen Mozartdorf und Blinklingmoos

Pillstein-Rundwanderweg (Tag 1, vormittags)

- **Tourcharakter:** Zweitagestour
- **Ausgangs- und Endpunkt:** Zwölferhorn, Bergstation
- **Weglänge:** 3,5 km
- **Gehdauer:** 1,5 h
- **Höhenunterschied:** 150 hm
- **Besonderheit:** Panoramablick auf das Salzkammergut

Wir stehen in einer der roten, über 50 Jahre alten Gondeln, die uns in 15 Minuten auf das Zwölferhorn bringt, und genießen die Sicht auf den Wolfgangsee. Entgegen der sonstigen Gewohnheit und aus Zeitgründen haben wir dieses Mal auf den Aufstieg verzichtet. Von der Bergstation gehen wir zum Gasthof Berghof und von dort in nicht mehr als fünf Minuten weiter auf den 1522 m hohen Gipfel. Aus dem Angebot an Wanderwegen entscheiden wir uns für den Rundwanderweg, auf dem wir in knapp eineinhalb Stunden unterwegs sind. Ein bisschen hängt die gesamte Gehzeit von den Pausen ab, die wir der besonderen Aussicht und nicht der Kondition wegen einlegen. Vom Gasthof Berghof wandern wir zuerst südlich durch den Wald in 15 Minuten bis zur Arnikahütte. Danach geht es in eine Senke hinab, wo wir auf der linken Seite an der Rosshütte vorbeikommen, um danach den Pillstein (1478 m) zu umrunden. Zurück geht es wieder an der Arnikahütte vorbei und weiter zur Bergstation.

Am Wolfgangsee – zwischen Mozartdorf und Blinklingmoos

Scheffelsteig im Brunnwinkl (Tag 1, nachmittags)

- **Tourcharakter:** Zweitagestour
- **Ausgangs- und Endpunkt:** Zentrum St. Gilgen, Mozartplatz
- **Weglänge:** 4 km (in einer Richtung)
- **Gehdauer:** 1,5 h
- **Höhenunterschied:** 150 hm
- **Besonderheit:** Außergewöhnlicher Blick auf den Wolfgangsee

Der Eindruck der auf dem Zwölferhorn gespeicherten Panoramabilder des Sees und der umliegenden Landschaft wirkt auch noch nach dem Mittagessen. Unser nächstes Ziel ist der Brunnwinkl, ein zu jeder Tageszeit besonders schönes Eck im Salzkammergut, wenn nicht sogar der hübscheste Platz zumindest im salzburgischen Teil – ein paar Häuser direkt am Wasser und dahinter die steil aufragende Wand des Falkensteins. Eine unbezahlbare Lage, noch dazu, wo die wenigen Häuser, von der Außenwelt versteckt, am See stehen. Das ist heute nicht anders als in den letzten Jahrzehnten des 19. Jahrhunderts, als der Brunnwinkl als sommerlicher Rückzugsort entdeckt wurde. Die Familien des Chirurgen Anton Ritter von Frisch (1849–1917) und seines Sohnes Karl von Frisch, Nobelpreisträger und Erforscher des Bienentanzes, bezogen hier für viele Sommer ebenso Quartier wie der deutsche Dichter Joseph Victor von Scheffel oder der ursprünglich aus Bad Gastein stammende Schriftsteller Karl Heinrich Waggerl.

Wir folgen vom Ortskern in St. Gilgen den Hinweisschildern „Brunnwinkl-Fürberg", kommen am Yachtclub vorbei sowie an einigen typischen Salzkammergut-Häusern und sind bald außerhalb des Ortes. Der Gehweg vom Zentrum bis nach Brunnwinkl ist mit einer guten halben Stunde zu veranschlagen. Weiter führt der Weg, der auf diesem Abschnitt als Victor von Scheffel Steig bekannt ist, bis zur Schiffsanlegestelle Fürberg und dem gleichnamigen Gasthaus. Er verläuft entlang des Seeufers, teilweise in den Fels gehauen und unter Schatten spendendem Gebüsch und kann nur zu Fuß begangen werden. Radfahren ist verboten. Wir gehen noch einen halben Kilometer weiter am Ufer entlang, um dann in den Falkensteinweg einzubiegen, der uns nach etwa 20 Minuten zum „Scheffelblick" bringt, von dem aus man eine prächtige Aussicht über den See hat. Der Dichter ließ sich an diesem Platz zu den „Bergpsalmen", einem seiner letzten Bücher, inspirieren. Zurück fahren wir mit dem Schiff und der nächste Weg führt uns in die Konditorei Dallmann, wo wir wieder auf Mozart treffen, wird hier doch Mozarts Reisetorte als Spezialität angeboten.

Am Wolfgangsee – zwischen Mozartdorf und Blinklingmoos

Blinklingmoos (Tag 2)

- **Tourcharakter:** Zweitagestour – Radwanderung
- **Ausgangs- und Endpunkt:** Ortszentrum St. Gilgen
- **Weglänge:** 13 km
- **Fahrdauer:** 5 Stunden mit Besichtigungen
- **Besonderheit:** Natur, Kultur und Badestopp

Mit den schon am Vortag organisierten Rädern sind wir auf dem Radweg unterwegs, der von St. Gilgen nach Strobl führt. Unser Ziel ist das Blinklingmoos, eine etwa 100 Hektar große Moorlandschaft mit einer interessanten Mischung aus Nieder-, Übergangs- und Hochmoor. Das Naturschutzgebiet liegt am Südufer des Wolfgangsees und ist vor allem für seine blütenreichen Streuwiesen bekannt. Wir stellen die Räder beim Sportplatz ab und wandern auf der ehemaligen Trasse der Ischlerbahn in Richtung See. Nach dem Bahndammweg halten wir uns rechts und gehen am Uferweg entlang. Vom 10 Meter hohen Aussichtsturm haben wir nicht nur einen Balkonblick auf das Hochmoor und den Wolfgangsee, vor uns breitet sich auch das Bergpanorama mit Schafberg, Gartenzinken und Leonsberg aus. Das Besondere am Ökosystem Moor wird auf Schautafeln besonders für Kinder sehr informativ dargestellt. Über die Marienhalbinsel gehen wir wieder nach Strobl zurück, holen die Räder beim Sportplatz ab und radeln ein paar hundert Meter in den Ort zur Deutschvilla, in der den Sommer über Kunstausstellungen gezeigt werden. Die 1896 im Toskana-Stil von George Schinteliffe-Blacky erbaute Villa diente der Wiener Industriellen-Familie Deutsch als Sommerfrische-Adresse. Sie hatte das Anwesen 1924 erworben und umgestaltet. 1942 wurde die Villa arisiert, danach war sie bis zum Kriegsende BDM-Ausbildungsstätte. 1988 wurde die Villa von der Gemeinde Strobl gekauft und wird seither vom „Kulturverein Deutschvilla" für Ausstellungs- und Repräsentationszwecke betrieben. Auf dem Rückweg nach St. Gilgen legen wir einen Badestopp beim Naturbadestrand Abersee ein und machen danach schlussendlich noch einen Abstecher ins Aberseer Heimatmuseum, dem bis 1977 bewohnten Lipphaus, das bis auf die Dachkonstruktion in seinen Ursprüngen erhalten geblieben ist, und wo eine ansehnliche Sammlung bäuerlichen Hausrats ausgestellt wird.

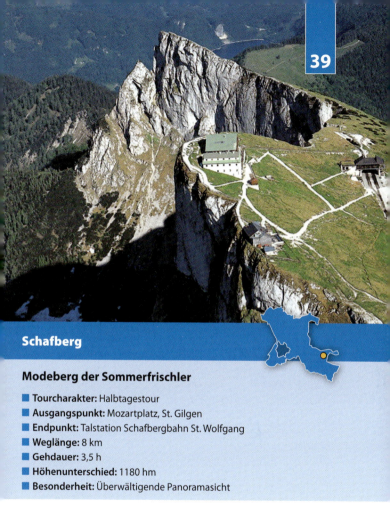

Schafberg

Modeberg der Sommerfrischler

- **Tourcharakter:** Halbtagestour
- **Ausgangspunkt:** Mozartplatz, St. Gilgen
- **Endpunkt:** Talstation Schafbergbahn St. Wolfgang
- **Weglänge:** 8 km
- **Gehdauer:** 3,5 h
- **Höhenunterschied:** 1180 hm
- **Besonderheit:** Überwältigende Panoramasicht

Der Schafberg hat ein markantes Profil. Durch den fast senkrechten Nordabbruch zum Mondsee hin lässt sich der Aussichtsberg mit Tradition leicht ausmachen. Der Wiedererkennungswert ist hoch. So viel Profil er von der Ferne aus zeigt, so großzügig gibt er sich mit dem Panoramablick, den er den Besuchern bietet.

Wir starten im Zentrum von St. Gilgen und gehen am Ufer des Wolfgangsees gut 2,5 Kilometer nach Winkl. Dort halten wir uns an die Beschilderung „Schafberg". Es geht gleich ziemlich steil zur Sache. Obwohl es bis zur Schafbergalpe auf 1363 Metern ausschließlich durch den Wald geht, gibt es kaum eine Strecke, auf der wir etwas verschnaufen könnten. Wenige Meter nach der Schafbergalpe erreichen wir die Zwischenstation der legendären Zahnradbahn, die von St. Wolfgang auf den Schafberg führt und bei einer maximalen Steigung von 25 Prozent 1190 Höhenmeter überwindet. Die 1893 in Betrieb genommene Zahnradbahn zählt auch heute noch zu den großen Attraktionen des Salzkammerguts. Mit dem Nachteil, dass von der Mittelstation bis zur Spitze betonierte Stufen den Aufstieg

für Sandalentouristen ermöglichen. Deshalb empfiehlt es sich, mit dem Anstieg möglichst früh zu starten. Aber die grandiose Panoramasicht von der Spitze, die wir nach einer Stunde erreichen, entschädigt für Vieles.

Die Zahnradbahn machte bei ihrer Inbetriebnahme die sogenannten „Sesselträger" brotlos, deren Aufgabe es war, diejenigen auf den Berg zu tragen, die den Berg nicht selbst besteigen konnten oder wollten. Oben angekommen stellen wir uns vor, wie froh die Sesselträger gewesen sein müssen, ihre Last abladen zu können. Der Schafberg ist seit Beginn des Alpentourismus ein begehrter Berg. So gab es in St. Wolfgang in der zweiten Hälfte des 19. Jahrhunderts etwa 30 Sesselträger, sehr kräftige junge Männer, die sich zu einer eigenen Berufsvereinigung zusammengeschlossen hatten. Der Gipfel des Schafbergs hat auf seiner Spitze nicht wie die anderen Berge ein Kreuz, sondern ein Hotel stehen: das Schafberghaus, das 1862 als erstes Berghotels Österreichs errichtet wurde. Dafür musste das Gipfelkreuz seitlich ausweichen. Der Rundumblick auf das Salzkammergut und seine Seen macht schnell deutlich, warum dieser Berg so eine besondere Karriere gemacht hat. Zurück ins Tal nehmen wir dieses Mal die Zahnradbahn, weil wir zum Drüberstreuen noch die Fahrt mit dem Schiff nach St. Gilgen genießen wollen.

Eine Alternative zu den betonierten Stufen von der Mittelstation bis zur Spitze ist der Weg über den Purtschellersteig, der an den drei Seen Mönichsee, Mittersee und Suissensee vorbeiführt. Durch die Himmelspforte gelangt man schließlich zum Schafberghaus. Der Steig ist allerdings nur für absolut trittsichere und schwindelfreie Wanderer geeignet und sollte nur bei trockenem Wetter begangen werden.

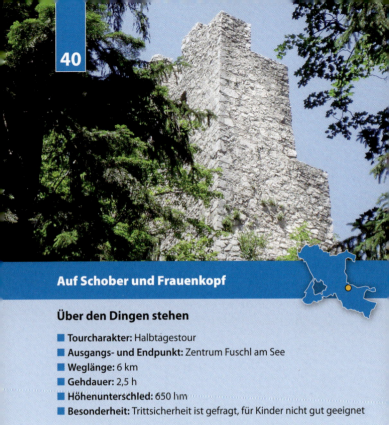

40

Auf Schober und Frauenkopf

Über den Dingen stehen

- **Tourcharakter:** Halbtagestour
- **Ausgangs- und Endpunkt:** Zentrum Fuschl am See
- **Weglänge:** 6 km
- **Gehdauer:** 2,5 h
- **Höhenunterschied:** 650 hm
- **Besonderheit:** Trittsicherheit ist gefragt, für Kinder nicht gut geeignet

Wen es im salzburgisch-oberösterreichischen Seengebiet eher auf die Berge als ins Wasser treibt, der wird an einer Wanderung auf den Schober seine helle Freude haben. Denn der Unterschied zwischen lieblicher Seenlandschaft und herausforderndem Berg könnte nicht größer sein.

Wir starten im Ortszentrum von Fuschl beim Hotel Seerose, das durch seine direkte Lage am See besticht und für eine sehr qualitätsvolle Küche bekannt ist. Wir gehen der Uferpromenade entlang und biegen am Ende des Orts rechts ab, wo wir auf einem idyllisch anmutenden Waldweg weiterwandern, der an der Waldhofalm und dem kürzlich angelegten Golfplatz vorbeiführt. Auf dem weiteren Weg bis zum Forsthaus Wartenfels kommen wir noch an einigen stattlichen Bauernhöfen vorbei. Von dort sollte unbedingt ein Abstecher zur Ruine Wartenfels gemacht werden. Die Errichtung der Burg um die Mitte des 13. Jahrhunderts auf einem Felsen, kaum größer als 15 mal 15 Meter und auf 1023 Metern Höhe, darf man sich als ziemliche Herausforderung vorstellen, zumal die Anlage zum Mondsee hin in einer über 100 Meter hohen Steilwand senkrecht abfällt. Mindestens ebenso spektakulär wie das Bauwerk an sich, von dem nur noch Reste vorhanden sind, ist der Blick auf die Seenlandschaft an der salzburgisch-oberösterreichischen Grenze.

Der überwältigenden Aussicht wegen empfehlen wir den Rundwanderweg, der neben der Ruine Wartenfels den Schober (1329 m) und den Frauenkopf (1303 m) einschließt. Nach der Ruine wird der Anstieg ziemlich steil, und kurz vor dem Gipfel des Schobers geht es über Trittklammern und entlang von Drahtseilen im Fels zum Gipfel. Die Anstrengung des einstündigen Aufstiegs lohnt sich, denn vor uns liegen neben Fuschlsee und Mondsee auch Wallersee, Irrsee und Teile des Wolfgangsees. Vom Gipfel des Schobers bis zum Frauenkopf sind wir zehn Minuten unterwegs, um uns danach über einen steilen Serpentinenweg an den Abstieg zu machen. Etwas oberhalb des Forsthauses Wartenfels kommen wir wieder auf den ursprünglichen Weg zurück. Voraussetzungen für die Tour sind Trittsicherheit und schönes, beständiges Wetter.

Das Hotel Seerose liegt direkt am Ufer des malerischen Fuschlsees. Die traumhaft schöne Lage wird durch exklusiven 4-Sterne-Komfort ergänzt. Kulinarisch werden Sie im À-la-carte-Restaurant mit Spezialitäten der regionalen Küche und Fischen aus dem Fuschlsee verwöhnt.

Hotel Seerose, Dorfstraße 20, 5330 Fuschl, Tel. 06226/8216, info@hotel-seerose.at, www.hotel-seerose.at

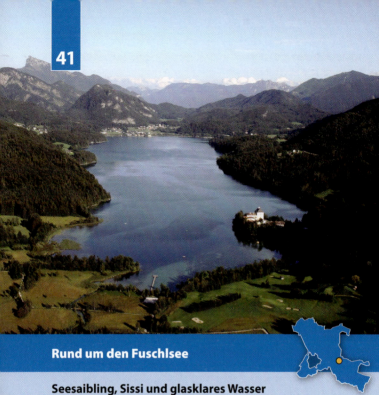

41

Rund um den Fuschlsee

Seesaibling, Sissi und glasklares Wasser

- **Tourcharakter:** Halbtagestour
- **Ausgangs- und Endpunkt:** Ortszentrum Fuschl am See
- **Weglänge:** 12 km
- **Gehdauer:** 3,5 h
- **Höhenunterschied:** 70 hm
- **Besonderheit:** Möglichkeiten zum Baden zwischendurch

Ausgangspunkt dieser Halbtageswanderung ist das Ortszentrum von Fuschl am See. Den Ort im Rücken spazieren wir in Richtung See und gehen auf der Uferpromenade weiter am See entlang. Auf der dem Berg zugeneigten Seite zeigt sich, wie sich das einstige Fischerdorf zu einem Tourismusort entwickelt hat, der nicht mehr nur Sommerfrische ist. Nach den letzten Häusern beginnt der Weg anzusteigen und führt in den Wald hinein. Abschnittweise fällt der Hang steil zum See ab. Wer mit Kindern unterwegs ist, muss deshalb ein wachsames Auge auf den Nachwuchs haben. Entlang des Südufers finden sich einige Plätze, an denen „wildes" Baden möglich ist. In Richtung Strandbad Hof wird der Weg wieder ganz eben. Informationstafeln geben Auskunft über die Besonderheiten der Landschaft und über den See, dessen Gesamtfläche nicht größer als 2,8 Quadratkilometer ist und der auch heute noch einen großen Fischbestand aufweist. Neben Renken und Seesaiblingen kommen in dem nährstoffarmen, aber sauerstoffreichen Wasser hauptsächlich Seeforellen, Hechte, Karpfen, Schleien, Aale und Barsche vor. Die Fischerei-Rechte gehören seit „Urzeiten" zu dem auf der Nordostseite gelegenen Schloss Fuschl. Das hat ein weiteres Mal mit den Fürsterzbischöfen zu tun, die das Schloss bis zur Säkularisierung 1803 zu einem gerne genutzten Jagdschloss ausbauten. Je nach Wetterlage und Wassertemperatur wird man zwischendurch den einen oder anderen Sprung ins Wasser wagen oder sogar ein paar Stunden im Strandbad Hof genießen.

Mit Schloss Fuschl haben wir auch schon die Hälfte der Strecke zurückgelegt. In dem aufwendig renovierten Fünf-Sterne-Resort ist unter anderem auch ein Sissi-Museum untergebracht, das öffentlich zugänglich ist und an die Zeit erinnert, in der hier die legendären Sissi-Filme mit Romy Schneider und Karlheinz Böhm gedreht wurden. Fischliebhaber sollten in der Schlossfischerei keinesfalls auf frisch Geräuchertes aus dem See verzichten. Danach kann immer noch entschieden werden, ob wir den Weg nach Fuschl zu Fuß fortsetzen oder ob der Überfahrt mit einer Plätte der Vorzug gegeben wird. Wer sich für den weiteren Fußweg entscheidet, sollte irgendwann eine kleine Bootsfahrt nachholen, denn der Blick vom Wasser auf die umliegende Landschaft gibt völlig neue Perspektiven frei.

42

Mit dem Rad auf das Zwölferhorn

Ambitioniertes Strampeln mit Aussicht

- **Tourcharakter:** Radwanderung 🚴
- **Ausgangs- und Endpunkt:**
  Hinterseer Landesstraße, Abzweigung Tiefbrunnau
- **Weglänge:** 30 km
- **Fahrdauer:** 4 h
- **Höhenunterschied:** 750 hm
- **Besonderheit:**
  Für die anspruchsvolle Tour ist gute Kondition Voraussetzung

Wir starten unsere Tour an der Abzweigung von der Hinterseer Landesstraße in Richtung Tiefbrunnau und folgen der schmalen, leicht ansteigenden Asphaltstraße und den hölzernen Hinweisschildern über eine Strecke von knapp zehn Kilometern. Danach geht es auf einem geschotterten Weg, der auch für Privatfahrzeuge geöffnet ist, hinauf zur Sausteigalm. Dort haben wir bereits eine Seehöhe von 1110 Metern erreicht. Nach einer wohlverdienten Pause geht es auf der Forststraße, die unterhalb der Sausteigalm nach rechts abzweigt, weiter in Richtung Zwölferhorn. Unser nächstes Etappenziel ist die Stubneralm. Ehe wir den Panoramarundweg zwischen Pillstein und Zwölferhorn erreichen, wird's noch einmal so richtig steil. Das Fahren auf dem Panoramarundweg geht auf Kosten des grandiosen Panoramablicks, den wir mit anderen Moutainbikern und Wanderern teilen müssen. Selbstverständlich „erklimmen" auch wir den Gipfel.

Übermütig entscheiden wir uns bei der Abfahrt für die etwas anspruchsvollere Variante über Pillsteinalm und Schafbachalm. Das heißt, dass wir an der Kreuzung des Panoramarundwegs links in Richtung Pillstein- und Schafbachalm abzweigen und uns am Pillsteinsattel rechts in Richtung Schafbachalm und Hintersee halten. Am Ende der Forststraße fahren wir rechts abwärts. Über die Almböden schieben wir das Rad bis zur Pillsteinalm. Ab der Pillsteinalm bleiben wir auf der Forststraße, die zur Schafbachalm hinunterführt und weiter nach Tiefbrunnau. Wir sind wieder zurück am Ausgangspunkt, überqueren die Hinterseer Landesstraße und fahren durch den Ortsteil Anger zum Dorfplatz mit der 1000-jährigen Linde hinauf. Hier gönnen wir uns eine Jause und ein kühles Getränk bevor wie uns wieder auf den Rückweg machen.

Am Hintersee

Das sympathische Ende eines Tals

- **Tourcharakter:** Nachmittagsausflug
- **Ausgangs- und Endpunkt:** Parkplatz Hirschpoint
- **Weglänge:** 4,8 km
- **Gehdauer:** 2 h
- **Höhenunterschied:** 100 hm
- **Besonderheit:** Sehr zu empfehlen als Familienausflug

Wer mit Kind und Kegel einen Ausflug unternehmen will und auf der Suche nach dem sprichwörtlichen „ruhigen Platzerl" ist, tut gut daran, an den Hintersee zu fahren. Der kleine See misst in der Länge 1,5 Kilometer und in der Breite gar nur 700 Meter. Er liegt zwischen Faistenau und der Gemeinde Hintersee, zu der er zwar bis auf den kleinen Spitz am Südende nicht gehört, wohl aber den Namen mit ihr teilt. Hintersee ist mit 640 Einwohnern eine der kleinsten Gemeinden im Land

Salzburg, und seine Kirche verdankt der Ort auch erst Fürsterzbischof Hieronymus Graf Colloredo, der 1785 einen weitgehend schmucklosen Bau hinstellen ließ. Dafür hatte Hintersee knapp zehn Jahre lang in der Person von Joseph Mohr einen berühmten Pfarrvikar, einen weltberühmten sogar, hatte er doch den Text von „Stille Nacht, Heilige Nacht" verfasst. Im Joseph-Mohr-Haus ist eine Ausstellung über den Pfarrer mit dem großen Herzen zu sehen. Vom Dorf führt an der Taugl entlang ein Weg zum See.

Wir stellen das Auto auf dem Parkplatz Hirschpoint neben dem Badeplatz ab und gehen in südöstlicher Richtung am See entlang, bis wir bei Königstatt an dessen südliches Ende kommen. Danach führt uns der Weg an den Abhängen des Seeberghorns entlang durch den Wald. Auf diesem Weg bleiben wir und kommen nach zwei Dritteln des Weges am Pumpwerk vorbei, das bereits 1924 errichtet und womit über Holzrohre Wasser zum Kraftwerk Strubklamm gepumpt wurde. Heute wird der See unterirdisch angezapft und das Wasser über eine viereinhalb Kilometer lange Rohrleitung zum Wiestalkraftwerk transportiert. Das lässt sich zum einen ökologisch eher vertreten, und zum anderen belastet es die Fundamente der Häuser am See weniger. Beim Parkplatz der Österreichischen Bundesforste haben wir das nordwestliche Ende des Sees erreicht und gehen zuerst etwas abseits des Sees bis zum Nordufer und dann wieder am Ufer entlang bis Hirschpoint, wo wir uns für die nächsten Stunden am Badeplatz niederlassen.

Metzgersteig

Eine Klamm und ihre Abgründe

- **Tourcharakter:** Halbtagestour
- **Ausgangs- und Endpunkt:** Ebenau, Parkplatz
- **Weglänge:** 12 km
- **Gehdauer:** 4 h
- **Höhenunterschied:** 150 hm
- **Besonderheit:** Der Weg führt abschnittsweise durch die Klamm

Wir starten diese Tour, die einen Abschnitt des Arnowegs darstellt, bei der Infotafel am Parkplatz in Ebenau. Von dort geht es am Waldrand entlang in Richtung „Werkschulheim", das, 1951 im Felbertal bei Mittersill gegründet und 1964 nach Ebenau übersiedelt, heute als Privatgymnasium mit Öffentlichkeitsrecht geführt wird. Die Schüler können hier sowohl die allgemeine Hochschulreife als auch einen Gesellenbrief als Tischler oder Maschinenbauer erwerben. Nach weiteren 400 Metern geht's über einen Steg über den Almbach, der nur einzeln betreten werden sollte und danach auf einem schmalen Steig entlang der Strubklamm. Dieser Abschnitt verlangt konzentriertes Gehen, schließlich fallen die Felswände der Klamm 100 Meter steil ab. Den Namen verdankt der Metzgersteig höchstwahrscheinlich der historischen Tatsache, dass auf ihm das Nutz- und Schlachtvieh aus Faistenau und Hintersee nach Hallein getrieben wurde. Einer Legende nach soll der Name aber auf einen tragischen Mordfall des Jahres 1673 zurückgehen. Ausgerechnet auf einer Wallfahrt nach St. Wolfgang – zur damaligen Zeit einer der berühmtesten Wallfahrtsorte – soll sich ein junger Metzger seiner schwangeren Geliebten durch einen folgenschweren Stoß entledigt haben.

Nach dem spektakulären Abschnitt der Klamm entlang geht es gemächlich durch den Wald weiter. Wir überqueren die Staumauer und wandern noch einen knappen Kilometer bis zum Gasthof Strubklamm. Nach erfrischender Stärkung geht es auf ruhigeren Pfaden nach Ebenau zurück.

45

Kolomansberg

Goldhauben im militärischen Sperrgebiet

- **Tourcharakter:** Halbtagestour
- **Ausgangs- und Endpunkt:** Thalgau, Marktplatz
- **Weglänge:** 11 km
- **Gehdauer:** 4 h
- **Höhenunterschied:** 570 hm
- **Besonderheit:** Militärisches Sperrgebiet auf dem Gipfel

Der 1114 Meter hohe Kolomansberg steht nur zur Hälfte auf Thalgauer Gemeindegebiet, die zweite Hälfte gehört schon zu Oberösterreich. Wir machen uns von Thalgau aus an den Aufstieg und verlassen das Zentrum auf der Straße in Richtung Mondsee. Am Ortsende biegen wir links in die Pfarrhofallee ein. Ab hier ist der Weg auf den Kolomansberg, einen der markantesten Aussichtsberge des Flachgaus, auch bereits ausgeschrieben. Markant ist er vor allem deshalb, weil seit 1968 auf der Kuppe eine Radarstation des Österreichischen Bundesheeres betrieben wird. Die schon von weitem sichtbaren „Kugeln" sind Teile des als „Goldhaube" bezeichneten Luftraum-Überwachungssystems in Österreich, dessen Zentrale im sogenannten „Regierungsbunker" in St. Johann im Pongau stationiert ist. Der weitere Weg führt uns durch die Unterführung der Westautobahn bis hinauf zum Wald. Bei der nächsten Abzweigung halten wir uns links in Richtung „Wasenmoos" und folgen von da an der Kolomanstraße und dem Hinweisschild Kolomanskirche. Der letzte Abschnitt erstreckt sich bis zur Kapelle, sie liegt auf 1098 Metern und ist die älteste erhaltene Holzkirche in Österreich. Der Legende nach soll der heilige Koloman die etwas unterhalb der Kapelle liegende Quelle entdeckt haben. Dem Wasser spricht man Heilkräfte bei Augenleiden zu. Der Weg auf den Gipfel ist jetzt nur mehr ein kurzer. Da es sich bei der Radarstation um eine Einrichtung des Österreichischen Bundesheeres handelt, befinden wir uns auf militärischem Sperrgebiet, was unter anderem bedeutet, dass das Fotografieren strikt untersagt ist. Straffrei bleibt jedoch der Genuss der großartigen Fernsicht.

Für den Abstieg wählen wir den natürlichen Weg, der vor der Siedlung Reisinger in die schmale Straße einmündet, die in den Markt zurückführt.

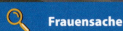

Frauensache

Heute weist das Navigationsgerät aus, dass die Entfernung zwischen St. Gilgen und der Stadt Salzburg 55,6 Kilometer und die Fahrzeit 42 Minuten beträgt. Als Leopold Mozart darauf bestand, dass seine Tochter Maria Anna Walburga Ignatia, genannt Nannerl, den bereits zum zweiten Mal verwitweten Johann Baptist von Berchtold zu Sonnenburg heiratete, lag zwischen Salzburg und St. Gilgen nicht nur jene Welt, die die Provinz immer vom Zentrum trennt, sondern auch die einer Reise von einem halben Tag, war man mit der Postkutsche unterwegs. 1784 fand die Heirat zwischen Nannerl und dem fünffachen Kindsvater und zweifachen Witwer statt, den Leopold für Nannerl ausgesucht und ihr damit einen gehörigen Strich durch die Rechnung gemacht hatte. Sie hatte ihr Herz bereits an den Kammerherrn Franz Armand d'Ippold, den Erzieher der Edelknaben am fürsterzbischöflichen Hof, verloren und beklagte die Situation in Briefen an Bimberl, sprich ihren um fünf Jahre jüngeren Bruder Wolfgang, der längst in Wien, seit

Mutter Mozart und Nannerl in St. Gilgen

zwei Jahren mit Konstanze verheiratet und Vater zweier Kinder war. Wolferl ermunterte seine Schwester, auch nach Wien zu kommen, wo sie als Konzertpianistin durchaus reüssieren könne. Allein sie schaffte es nicht, sich gegen den übermächtigen Vater aufzulehnen, kapitulierte und fügte sich kränkelnd in ihr Schicksal, das weit umfassender war als die Ehe mit dem ungeliebten Mann.

Als die „Nummer" mit den Wunderkindern nicht mehr zog, weil Nannerl ins heiratsfähige Alter gekommen war, fand sie sich rasch auf dem Abstellgleis wieder. Zwischen dem Tod der Mutter 1778 und ihrer Heirat blieb Nannerl bei Leopold und führte ihm den Haushalt. Die hochbegabte Pianistin wurde künstlerisch kastriert, und es hat den Anschein, dass Vater Leopold alles daran setzte, ihr die Grenzen mehr als deutlich aufzuzeigen. Er wollte sie wohl als Frau dort sehen, wo Jahrzehnte früher Anna Maria Pertl, Nannerls Mutter und Leopolds Frau zur Welt kam und die ersten Jahre verbrachte: in St. Gilgen im Haus des Pflegers, dem späteren Bezirksgericht. 17 Jahre und zahlreiche bitter klagende Briefe an den Vater später zog sie nach dem Tod des Ehemanns wieder in die Stadt Salzburg, das dabei war, den fürsterzbischöflichen Glanz zu verlieren und ihr auch wenig Chancen als Klaviervirtuosin bot. Mit dem Verlust des Augenlichts setzte ihr das Schicksal noch einmal zu. Wie sehr sie sich vom Vater, der 1787 gestorben war, entfernt hatte, spiegelt die Verfügung wieder, nicht im Familiengrab auf dem Sebastiansfriedhof, sondern in der Kommunengruft auf dem Friedhof von St. Peter begraben werden zu wollen. Wenigstens dieser Wunsch ging in Erfüllung.

Nach umfangreicher Renovierung des ehemaligen Bezirksgerichts konnte 2009 der Falkensteinsaal eröffnet werden, in dem unter anderem Konzerte des Kammerorchesters W.A. Mozart stattfinden, das seinen Sitz ebenfalls im Haus hat.

**Abschnitte der Weitwander-,
Pilger und Radwege im Flachgau**

■ WEITWANDERWEGE

Arnoweg Dieser Weg, auf dessen Routen das Land Salzburg in seinen heutigen Grenzen umwandert werden kann, ist nach dem Salzburger Bischof Arno und Abt von St. Peter (etwa 740–821 n. Chr.) benannt. Er wurde auf Weisung Kaiser Karls des Großen im Jahr 798 zum Erzbischof erhoben. Aus Anlass des 1200-jährigen Jubiläums der Erzdiözese Salzburg wurde der Rundwanderweg, der an das europäische Fernwandernetz angeschlossen ist und weitgehend auf bereits vorhandenen Wegen geführt wird, angelegt. Im Rupertiwinkel und südlich von Großglockner und Sonnblick verlässt er Salzburger Boden. In seiner längsten Variante umfasst der Arnoweg eine Strecke von 1200 km.

Im Flachgau verläuft er zum einen in südwestlicher Richtung von Michaelbeuern durch das Oichtental nach Arnsdorf und weiter über Oberndorf und Nußdorf am Haunsberg, vorbei am Ragginger See, um schließlich über Bergheim in die Stadt Salzburg zu gelangen. Die Fortsetzung der Route von Michaelbeuern in südöstlicher Richtung verläuft über Berndorf, zwischen Grabensee und Obertrumer See an Zellhof vorbei nach Mattsee. Von dort geht es über die Egelseen weiter nach Mödlham und über den Tannberg nach Steindorf und Irrsdorf, wo der Weg nach Süden abbiegt. Über Sommerholz und den Kolomansberg gelangt der Wanderer schließlich nach Thalgau und von dort nach Fuschl.

Ein kleiner Abschnitt des Arnowegs führt von der südlichen Stadtgrenze Salzburgs über den Untersberg bis an die Grenze zum Tennengau.

Rupertiweg

Der Rupertiweg ist nach dem Salzburger Landespatron und früheren Bischof von Worms benannt, der um 700 n. Chr. in das Gebiet des heutigen Salzburgs kam. Als Teilstrecke des Europäischen Fernwanderwegs E10, der vom finnischen Lappland bis nach Andalusien im Süden Spaniens führt, beginnt der Rupertiweg im Böhmerwald bei Bärenstein an der tschechischen Grenze und führt durch Oberösterreich, Salzburg und Kärnten, wo er im Nassfeld in den Karnischen Alpen endet. Die gesamte Weglänge beträgt knapp 600 Kilometer.

Im Flachgau führt der Rupertiweg von der salzburgisch-oberösterreichischen Grenze entlang der Salzach bis in die Stadt Salzburg und südlich wie der Arnoweg über den Untersberg und weiter in den Tennengau.

■ PILGERWEGE

Jakobsweg
Der Jakobsweg ist derzeit der bekannteste und beliebteste Pilgerweg. Der erste Strom an Pilgern setzte im frühen 11. Jahrhundert mit dem Bau der Kathedrale in Santiago de Compostela ein. Heute kommen jährlich 150.000 Pilger in die galicische Hauptstadt an der Atlantikküste und kehren mit einer Jakobsmuschel im Gepäck nach Hause zurück. Die Jakobsmuschel ist auch das offizielle Logo des Jakobswegs. Mittlerweile ist Europa fast zur Gänze mit Jakobswegen überzogen, wobei es dem korrekten Sprachgebrauch nach nur einen wirklichen Jakobsweg gibt, und der führt als Camino Francés von den Pyrenäen bis an den Atlantik. Allerdings gibt es in Spanien auch noch die Via de la Plata, die Silberroute, von Sevilla bis Santiago. Alle anderen Wege wären richtigerweise als Wege der Jakobspilger zu bezeichnen.

Durch den Flachgau führt die Strecke des österreichischen Jakobswegs von der Landesgrenze bei Straßwalchen über Lengroid, Pfongau, ein Stück am Wallersee entlang und dann weiter über Henndorf, Seekirchen, Eugendorf, Hallwang und Maria Plain bis in die Stadt Salzburg. Im Westen setzt sich der Weg in Richtung Viehausen-Gois fort und führt im Weiteren entlang der Saalach über Unken in den Pinzgau.

Via Nova
Der Pilgerweg Via Nova wurde 2004 mit ersten Teilstücken eröffnet. Er verbindet Regionen im Bayerischen Wald mit Tschechien und Österreich. Dieser Pilgerweg hat kein festes Ziel, er besteht aus zwei Hauptsträngen und mehreren Nebenwegen. Im Grunde orientiert sich die Via Nova an alten, schon lange bestehenden Pilgerrouten, wie zum Beispiel jener nach St. Wolfgang.

Das vierte und das fünfte Teilstück führen durch den Flachgau, und zwar von Michaelbeuern über Berndorf, Seeham, Obertrum, Seekirchen und Henndorf beziehungsweise von

Berndorf über Palting nach Mattsee und weiter über Schleedorf und Köstendorf nach Neumarkt und Straßwalchen. Von dort geht die Teilstrecke durch das oberösterreichische Salzkammergut, kommt bei St. Gilgen wieder in den Flachgau und führt über Strobl bis nach St. Wolfgang.

■ RADWEGE

Tauernradweg
Der Tauernradweg war der erste Radfernweg, der im Land Salzburg angelegt wurde. Er beginnt dort, wo die Krimmler Ache in die Salzach mündet und kann als Rundweg befahren werden. Die Strecke führt über Zell am See und danach wahlweise an der Salzach oder an der Saalach entlang bis in die Stadt Salzburg und wieder zurück. Diese Rundstrecke hat eine Gesamtlänge von 270 Kilometern und enthält einige Abschnitte mit beträchtlichen Steigungen, die teilweise über 10 Prozent betragen. Der Höhenunterschied zwischen dem Start in Krimml und der Wende in der Stadt Salzburg macht immerhin fast 650 Meter aus. Die andere Variante des Tauernradwegs führt von der Stadt Salzburg weiter entlang der Salzach über Oberndorf nach Oberösterreich, wo die Salzach in den Inn mündet und von dort noch bis in die deutsche Stadt Passau, wo der Inn wiederum in die Donau mündet. Diese Strecke ist 310 Kilometer lang.

Durch den Flachgau führt der Tauernradweg auf zwei Abschnitten. Zum einen von der Mündung der Königsseeache bis zur Stadtgrenze bei Glasenbach. Zum anderen von Bergheim bis an die Landesgrenze zu Oberösterreich bei St. Georgen. Dieser längere Streckenabschnitt führt durch landschaftlich besonders reizvolle Auenlandschaften. Die Antheringer Au sowie die Weitwörther Au vor Oberndorf und die über die Landesgrenze hinaus reichende Irlacher Au sind geschützte Landschaften mit einem großen Bestand an seltenen Pflanzen und Tieren.

Mozartradweg

Der 2003 eröffnete grenzüberschreitende Radfernweg verbindet Regionen in Oberbayern und im Salzburger Land. Die Gesamtstrecke umfasst etwa 450 Kilometer. Der Radweg orientiert sich an Orten, in denen W. A. Mozart aufgetreten oder auf einer seiner vielen Reisen durchgekommen ist.

Im Flachgau führt der Mozartradweg von der Stadt Salzburg aus an der Salzach flussabwärts, biegt vor der Autobahnbrücke zum Alterbach ab und führt im Weiteren die Samstraße entlang. Danach geht es über Wiesen und Felder bis Eugendorf, dort zweigt der Weg hinter der Kirche rechts ab in Richtung Henndorf. Über Haslach und Wertheim geht es weiter bis Schloss Sighartstein. Aus dem Ortszentrum von Neumarkt am Wallersee läuft der Weg in Richtung Köstendorf. Über Schleedorf führt er weiter nach Mattsee und am Ufer der Seen nach Seeham und Obertrum. Von Obertrum geht es in westlicher Richtung über Oberbichl nach Anthering und von dort durch die Au bis zum Tauernradweg in Richtung Oberndorf. Im Süden der Stadt Salzburg führt auch eine kurze Strecke des Mozartradwegs durch den Flachgau, und zwar von der Grenze zwischen Flachgau und Tennengau, wo die Königsseeache in die Salzach mündet, über Anif in Richtung Stadt Salzburg.

Salzkammergutradweg

An der Route des Salzkammergutradwegs liegen die großen und kleinen Seen des Salzkammerguts, das sich über die Bundesländer Oberösterreich, Steiermark und Salzburg erstreckt. Den Flachgau berührt dieser Radweg zum einen auf der Strecke von St. Gilgen entlang des Wolfgangsees bis zum Ende des Gemeindegebiets von Strobl. Auf oberösterreichischer Seite führt die Strecke weiter über Bad Ischl und Bad Goisern an den Hallstätter See und von dort über Bad Aussee und Bad Mitterndorf an den Grundlsee und Altausseer See. Zum anderen führt eine Teilstrecke von der oberösterreichisch-salzburgischen Landesgrenze bei Oberhofen am Irrsee über Straßwalchen nach Köstendorf, wo der Salzkammergutradweg auf den Mozartradweg trifft.

Bajuwarentour

Diese Radtour ist knapp 130 km lang und nach den Bajuwaren benannt, einem germanischen Stamm, der sich nach der Völkerwanderung zu Beginn des 6. Jahrhunderts im Süden Bayerns und in Teilen Österreichs und Südtirols niederließ. Die Strecke führt von Tittmoning an der Salzach über das Seenland im Flachgau und verlässt bei Oberndorf wieder österreichischen Boden. Die weitere Strecke geht entlang des Waginger und Tachinger Sees zurück nach Tittmoning. Im Flachgau führt die Bajuwarentour von Michaelbeuern über Perwang und Mattsee nach Obertrum und von dort weiter über Berndorf und Nußdorf am Haunsberg nach Oberndorf.

Seenland-Radweg

Der Seenland-Radweg verbindet das Salzburger Dreiseenland, bestehend aus Mattsee, Obertrumer und Grabensee, mit der Region um den Wallersee sowie der Gegend im nördlichen Flachgau zwischen Michaelbeuern, Bürmoos, St. Georgen bei Salzburg, Oberndorf See und Nußdorf am Haunsberg. Diese Regionen wurden in touristischer Hinsicht zusammengeschlossen und firmieren unter der Dachmarke „Salzburger Seenland". Der Name des Radwegs lehnt sich an den Markennamen der Tourismusregion an. Der Seenland-Radweg ist insgesamt 130 km lang und verbindet 18 Orte innerhalb des Seenlands. Über weite Strecken läuft er parallel zu Tauern- und Mozartradweg sowie zur Bajuwarenroute. Da die gesamte Strecke als Rundweg angelegt ist, kann sie sowohl im Uhrzeigersinn als auch in der Gegenrichtung befahren werden. Es gibt weiters die Möglichkeit, kleinere Rundstrecken auszuwählen. Die entstehenden Lücken können über andere Wegstrecken geschlossen werden.

Register und Abkürzungsverzeichnis

Anif	19f, 22f, 25, 186
Anthering	60, 68f, 79, 91, 186
Antheringer Au	185
Arnoweg	67, 69, 72, 83, 86, 96, 177, 182f
Arnsdorf	63, 66f, 74, 95f, 183
Bajuwarentour	83, 85f, 88, 187
Bergheim	21, 29, 50, 60, 70f, 133, 137, 150, 183, 185
Berndorf	51, 81, 88, 112ff, 183ff, 187
Blinklingmoos	160f, 163
Brunnwinkl	161f
Buchberg	12, 79, 109f, 118
Bürmoos	61ff, 65, 187
Dorfbeuern	51, 86, 98
Dopplersteig	44ff
Ebenau	176f
Egelseen	103, 110, 133, 142, 183
Eglsee	27
Elixhausen	113
Elsbethen-Glasenbach	26, 185
Erentrudisalm	26f
Eugendorf	14, 184, 186
Faistenau	157f, 174, 177
Fischach	71ff, 132f, 142
Falkenstein	161f
Frauenkopf	168f
Freilichtmuseum	43, 47, 49f
Fuschl am See	158, 168, 170f, 183
Fuschlsee	157f, 170
Gebertsham	115f
Glasenbachklamm	26f
Göming	62f, 67, 95f
Grabensee	93, 103, 112f, 116, 131, 183, 187
Grödig	14, 22f, 43, 52f
Große Plaike	134, 136f
Großgmain	43, 47, 49, 54f
Gut Aiderbichl	136f, 150–153
Hallwang	21, 184
Haunsberg	10, 51, 61, 69, 79–83, 85, 87, 89f, 95, 110, 123, 183, 185, 187
Henndorf am Wallersee	132, 135f, 138f, 153, 184, 186
Hintersee	174
Hintersee bei Faistenau	50, 172–175, 177
Hochgitzen	69ff
Hof	51, 157, 171
Jakobsweg	118, 184
Kolomansberg	159, 178, 183
Köstendorf bei Salzburg	79, 141, 143f, 185ff
Kroisbach	82f,
Lamprechtshausen	61ff, 72, 98
Luginger See	68f
Maria Bühel	66f
Maria Plain	20, 28ff, 71, 184
Mattsee	12, 14, 72, 79f, 92ff, 103–109, 111–118, 123, 126f, 131, 133, 158, 183, 185ff
Metzgersteig	176f
Michaelbeuern	79, 81, 85f, 88, 96f, 99, 183f, 187
Mozarthaus	180f
Mozartradweg	69, 186f
Neumarkt am Wallersee	9, 14, 131, 133ff, 137, 146–149, 185f
Nußdorf am Haunsberg	51, 79–83, 85–88, 95f, 99, 123, 183, 187

Oberndorf bei Salzburg	14, 60, 62f, 66f, 74f, 85, 133, 183, 185ff
Obertrum am See	14, 80, 92ff, 103, 122, 184, 186f
Obertrumer See	93, 103, 107, 113, 115f, 119, 122, 131, 183, 187
Oichten	79ff, 83, 85f, 90, 96, 183
Pillstein	160, 173
Ragginger See	68f, 183
Rupertiweg	183
Saalach	14, 19, 31ff, 80, 184f
Salzach	9f, 12, 14f, 24f, 27, 32, 59–62, 66f, 71, 79f, 85, 103, 110, 131, 133, 137, 150, 183, 185ff
Salzburger Hochthron	12, 44, 46
Salzkammergut	9f, 12, 14f, 105, 157–162, 166f, 185ff
Salzkammergutradweg	186f
Schafberg	164–167
Schleedorf	79, 103, 133, 141f, 185f
Schloss Anif	19f
Schloss Fuschl	171
Schloss Kleßheim	19, 31, 33f, 36
Schlößl	79, 83f, 99
Schober	159, 168f
Seeham	79, 103, 116, 119f, 122, 124, 184, 186
Seekirchen am Wallersee	14, 131–134, 139, 143, 184
Seenland-Radweg	63, 67, 83, 86f, 187
Sighartstein	146f, 183
Sommerholz	133, 146f, 183
St. Alban	95f
St. Georgen b. Salzburg	12, 59, 61ff, 65, 185, 187
St. Gilgen	58, 158, 161–167, 180f, 185f
Straßwalchen	14, 184f, 187
Strobl	158, 163f, 185f
Strubklamm	175, 177
Tannberg	79, 110, 141f, 144, 183
Tauernradweg	25, 62f, 67, 185f
Teufelsgraben	122f,
Thalgau	14, 36, 51, 137, 159, 178, 183
Tiefsteinklamm	141f, 145
Trockene Klammen	26f
Untersberg	9f, 12, 15, 21, 27, 30, 41ff, 45–48, 52f, 55, 183
Via Nova	88, 90, 113, 121, 144, 184
Voggenberg	70ff
Waidmoos	61, 64f
Wallersee	9f, 14, 131–136, 138f, 142, 145–149, 169, 184, 186f
Wals-Siezenheim	32f, 35f, 42
Wartenfels	169
Wartstein	103, 105, 117f, 126, 169
Wenger Moor	133f, 148
Wolfgangsee	157f, 160f, 163f, 166, 169, 186
Zellhof	113–116, 183
Zwölferhorn	12, 160f, 172f

Abkürzungen

hm	Höhenmeter
h	Stunden
🚲	Radwanderung
🔍	Spezialtipp in der Region

Clemens M. Hutter

WANDERATLAS
Salzburg – Berchtesgaden

336 Seiten
durchgehend farbige
Abbildungen und Karten
11,5 x 18 cm, französische Broschur
EUR 19,95
ISBN 978-3-7025-0619-3

✔ **425 Routen**
✔ **136 Wanderkarten**
✔ **24 Themengruppen**
✔ **Farbleitsystem**
✔ **Raum für persönliche Notizen**

Unglaublich, welche Vielfalt an Wander- und Ausflugsmöglichkeiten sich dem Naturliebhaber auftut, der mit wachen Sinnen die Heimat erkundet. Almen und Bergseen, Höhenwege und Klammen, Grasberge, Lehrpfade, Wasserfälle und eine Reihe einfacher Dreitausender – 425 Touren umfasst das beeindruckende Angebot.

Thematisch geordnete Routen erleichtern die Auswahl. Gleichgültig, ob man allein aufbrechen will, mit Freunden oder der ganzen Familie: Im neuen Wanderatlas Salzburg – Berchtesgaden ist garantiert für jeden Geschmack das Passende dabei. Ein übersichtliches Farbleitsystem erleichtert die Suche, 136 Karten weisen den Weg.

Clemens M. Hutter, Thomas Neuhold

SKITOURENATLAS
Salzburg – Berchtesgaden

ca. 330 Seiten
durchgehend farbige
Abbildungen und Karten
11,5 x 18 cm, französische Broschur
ca. EUR 19,95
ISBN 978-3-7025-0619-3
Erscheint im November 2010

Der „Skitourenatlas Salzburg-Berchtesgaden" löst im Herbst den Bestseller „Skitouren in und um Salzburg" ab, der in sechs Auflagen erschienen ist.

Clemens M. Hutter hat den Text völlig überarbeitet und vor allem Platz für 100 Neutouren geschaffen, die der angesehene Ski-Alpinist Thomas Neuhold als Co-Autor beigesteuert hat. Das Erfolgsrezept bleibt unverändert: Das Angebot von rund 520 Routen deckt den möglichen Bedarf von „Anfängern" genauso wie den von anspruchsvollen Hochalpinisten. Ebenso erhalten bleibt das Prinzip, von einem Standort aus mehrere Alternativen anzubieten, damit je nach Wetter, Lust und Kondition die Wahl getroffen werden kann.

Tourengeher sind für ihr Verhalten in alpinem Gelände ausschließlich selbst verantwortlich. Deshalb ist es den beiden Autoren ein besonderes Anliegen, die Kenntnis alpiner Gefahren zu fördern – besonders durch die Einführung in die Lawinenkunde. Denn wer eine Gefahr und ihre Ursachen kennt, kann ihr ausweichen und teils lebensbedrohliche Risiken vermeiden.

Siegfried Hetz

ERLEBNIS
SALZBURGER LAND

Liebe Leserin! Lieber Leser!

Gefällt Ihnen dieses Buch? Ergänzungsvorschläge, Wünsche und Kritik nimmt der Verlag gerne entgegen.

Wenn Sie sich für die weiteren Bände interessieren, können Sie diese auch schon im Voraus unter 0662 87 35 07-56 oder buch@verlag-anton-pustet.at bestellen. Sie erhalten das Buch sofort nach Erscheinen.

Band 2: Pinzgau (Frühling 2011)
Band 3: Lungau (Herbst 2011)
Band 4: Pongau (Frühling 2012)
Band 5: Tennengau (Herbst 2012)

Viele Freude beim Wandern und Lesen wünscht Ihnen das Team des Verlags Anton Pustet!